AF366116

اسلامی معلومات پر مبنی

بچوں کے لیے

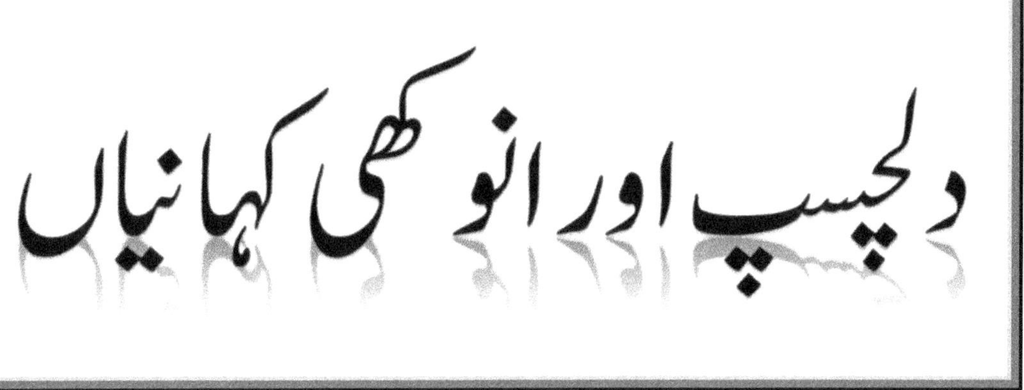

مصنّف:

عارف محمود کسانہ

جملہ حقوق بحق مصنف محفوظ ہیں

کتاب	:	دلچسپ اور انوکھی کہانیاں
مصنف	:	عارف محمود کسانہ
رابطہ مصنف	:	arifkisana@gmail.com http://www.afkaretaza.com/
سالِ اشاعت	:	مارچ 2016ء
پبلشر	:	کسانہ بکس سویڈن
کمپوزنگ	:	نصر ملک
پروف ریڈنگ	:	منیب بشیر چوہدری، لیاقت علی شفقت
ٹیکسیکی تعاون	:	شیر از اختر
سرورق	:	ایاز حمزہ
قیمت	:	۱۵۰ سویڈش کرونا
ISBN	:	978-91-639-0703-6

Kisana Books
Trollvagen 20, 19163 Sollentuna
Sweden

انتساب

اپنی اکلوتی بہن تمثیلا مطاہر

اور

اُن بچوں کے نام جن کے سوالات کی وجہ سے
کہانیوں کی یہ کتاب لکھی گئی ہے۔

فہرست

انتساب 5

مصنف کا تعارف: عارف محمود کسانہ 8

کچھ اس کتاب کے بارے میں 10

پیشِ لفظ 12

حرفِ تحسین 14

بچوں کی دینی و ذہنی تربیت و تابانی 16

ہم مسلمان کیوں ہیں؟ 18

ایمان کسے کہتے ہیں؟ 21

اللہ اور انسانوں کے قانون میں فرق 24

اسلام کسے کہتے ہیں اور کن چیزوں پر ایمان ضروری ہے! 27

نبی اور رسول کسے کہتے ہیں ؟ 31

ہمارے پیارے رسول ﷺ 35

صرف اسلام ہی سچا دین کیوں ہے؟ 39

ہماری دعائیں کیوں قبول نہیں ہوتیں؟ 43

کن باتوں سے اللہ نے منع کیا ہے؟ 47

بول چال کے آداب 50

سب مسلمان برابر ہیں 53

غیر مسلموں سے سلوک 57

اللہ تعالیٰ ہمیں نظر کیوں نہیں آتا؟ 62

اللہ تعالیٰ کے بارے میں قرآن مجید کا بیان 66

مومِن کسے کہتے ہیں؟ 70

ایک مثالی شخصیت! 73

مصنف کا تعارف: عارف محمود کسانہ

عارف محمود کسانہ ۱۹۹۵ء سے سٹاک ہوم، سویڈن میں رہ رہے ہیں اور وہاں کی ایک معروف یونیورسٹی میں میڈیکل ریسرچ سے وابستہ ہیں۔ وہ بہت اچھے مقرر ہیں اور سکول، کالج اور یونیورسٹی کے دور میں بہت سے انعامات وصول کر چکے ہیں۔ وہ اخبارات و جرائد میں باقاعدگی سے کالم اور بلاگ لکھتے ہیں، جن کے موضوعات میں قرآنی تعلیمات، تاریخی اسلام، سماجی تغیرات، سائنس، فکرِ اقبال، پاکستان اور بچوں کے لیے اسلامی معلومات پر مبنی کہانیاں شامل ہیں۔

عارف کسانہ دو عشروں سے سویڈن اور اسکینڈے نیویا میں ایک متحرک صحافی کے طور پر پاکستانی اور کشمیری برادری کی بھی نمائندگی کر رہے ہیں اور فارن پریس ایسوسی ایشن سویڈن کے باقاعدہ رکن ہیں۔ انہوں نے سٹاک ہوم سٹڈی سرکل کے تحت ۲۰۰۳ء سے سویڈن میں ماہانہ درس قرآن کا سلسلہ بھی شروع کیا ہوا ہے۔ یہاں دورِ حاضر کے زندہ مسائل کا حل قرآنِ حکیم اور خاتم النبیین حضرت محمد ﷺ کے فرمواتِ و سنت کی روشنی میں تلاش کیا جاتا ہے، اور اس کوشش میں بہت سے اہل علم شرکت کرتے ہیں۔ طبی تحقیق اُن کا پیشہ، لکھاشوق، قرآن اور فکرِ اقبال کا فروغ ان کی لگن ہے۔

اُن کے کالموں اور مضامین کا مجموعہ افکارِ تازہ کے نام سے شائع ہو چکا ہے۔ اسلامی معلومات پر مبنی بچوں کے لیے دلچسپ اور انوکھی کہانیاں اُن کی دوسری تصنیف ہے۔ ان کہانیوں کا دوسرا حصہ بچوں کے لیے 'انمول کہانیاں' بھی جلد شائع ہو گا۔ اس کے علاوہ ان کی زیرِ طبع تصانیف میں اقبال اور داگ ہمارا شولد، صدائے حیرت (کشمیر اور تحریک آزادی کشمیر)، اور آدھی رات کے سورج کا دیس (سویڈن اور شمالی یورپ کے بارے میں)، آوازِ عارف (مضامین کا مجموعہ) شامل ہیں۔

کچھ اس کتاب کے بارے میں

پیارے بچو! کہانیوں کی یہ کتاب آپ سب کے لیے ہے اور اس کی خاص بات یہ ہے کہ آپ جیسے بہت سے بچوں نے اسلام کے بارے میں جو سوالات پوچھے تھے، ان سب کے جوابات کو دلچسپ اور معلوماتی کہانیوں کی صورت میں آپ کے لیے پیش کیا جارہا ہے۔ یہ بھی ہو سکتا ہے کہ آپ کے ذہن میں بھی ایسے ہی سوالات ہوں تو اس طرح آپ کو اُن کے جوابات مل جائیں گے۔ مجھے امید ہے کہ آپ ان دلچسپ اور معلوماتی کہانیوں کو بڑے مزے سے پڑھیں گے۔ آپ کی معلومات میں بہت اضافہ ہو گا اور پھر آپ دوسروں کو بھی اس کتاب کے بارے میں بتائیں گے۔ بچوں کے ذہن میں طرح طرح کے سوال آتے رہتے ہیں اور وہ اُن کے جواب چاہتے ہیں۔ معصوم ذہنوں میں آنے والے سوال ہوتے تو بہت چھوٹے اور سادہ ہیں لیکن اُن کے جواب بعض اوقات اتنے بھی آسان نہیں ہوتے۔ لیکن اس بات کی ضرورت ہے کہ ان کے ذہن میں اٹھنے والے سوالوں کے ایسے جواب دیئے جائیں کہ وہ مطمئن ہو جائیں۔ علم میں اضافے کے لیے سوال پوچھنا ایک لازمی سی بات ہے اور بچوں کو اپنے بڑوں سے سوال پوچھتے رہنا چاہیے۔ بڑوں کا بھی فرض ہے کہ وہ بچوں کو ان کی عمر کے مطابق ایسا جواب دیں کہ ان کی تسلی ہو جائے۔

اس کتاب کا مقصد یہ ہے کہ بچے جو کہ مستقبل کے معمار ہیں اُن کی تعلیم و تربیت اس انداز سے کی جائے کہ وہ سچے مسلمان، اچھے انسان، محب وطن اور باوقار شہری بنیں۔ اُن کے ذہن میں کوئی الجھن نہ ہو۔ وہ اپنے دل اور دماغ کے اطمینان کے ساتھ اپنے دین کی تعلیمات کو سمجھیں اور اُن پر عمل کر کے اپنی زندگی بسر کریں۔ اس تناظر میں بچوں کے لیے لکھنے کی بہت ضرورت ہے۔ یہ کہانیاں اس انداز سے لکھی گئی ہیں کہ بچے انہیں دلچسپی سے پڑھیں۔ ان کہانیوں میں مختلف ممالک اور شہروں کی بھی کچھ تفصیلات موجود ہے تاکہ بچوں کے علم میں اضافہ ہو اور اُن میں آگے بڑھنے کا جذبہ بھی پیدا ہو۔

امید ہے کہ یہ کتاب بچوں کے ادب میں ایک خوبصورت اضافہ ہو گی اور اس سے بچوں کو قرآنی تعلیمات کی روشنی میں اسلامی تربیت مل سکے گی۔ اُن کا اسلام کی بنیادی باتوں کے بارے میں تصور بہتر ہو گا۔ پاکستان سے باہر جن ممالک میں ایسے بچے رہتے ہیں جو اردو زبان سمجھ تو لیتے ہیں لیکن خود پڑھ نہیں سکتے وہاں بڑوں کو چاہیے کہ وہ بچوں کو یہ کہانیاں پڑھ کر سنائیں۔ بڑے بھی جب ان کہانیوں کو پڑھیں گے تو انہیں بھی پڑھنے میں مزا آئے گا کیونکہ یہ کتاب آٹھ سال سے اسی سال کے عمر کے بچوں کے لیے ہے۔

سویڈن میں پاکستان کے سفیر محترم طارق ضمیر کا شکریہ ادا کرنا چاہوں گا کہ انہوں نے بہت سے مفید مشورے دیئے۔ محترم محمد شریف بقاصدر مجلس اقبال لندن، جناب نصر ملک ایڈیٹر اردو ہم عصر ڈنمارک، لیاقت علی شفقت، عزیزم منیب بشیر چوہدری، شیر از اختر اور اُن تمام احباب کا مشکور ہوں جنہوں نے اس کتاب کی اشاعت میں کسی طرح کا بھی تعاون کیا۔ اپنی اکلوتی بہن تمثیلا مظاہر نے میری ہمت افزائی کی، اللہ تعالیٰ اُسے ہمیشہ خوش رکھے۔ سب سے زیادہ شکریہ اُن بچوں کا جن کے سوالات کی وجہ سے اس کتاب کو لکھنے کا خیال آیا۔ پیارے بچو۔ کہانیاں پڑھ کر مجھے اپنی رائے سے ضرور آگاہ کرنا کہ آپ کو یہ کیسی لگیں۔ آپ کے ذہن میں اگر ایسا کوئی بھی سوال آئے تو مجھے لکھیں۔ میں آپ کو اُس کا جواب دینے کی کوشش کروں گا۔ یہ بھی ہو سکتا ہے کہ اگلی کتاب میں اُس بارے میں بھی ایک اور کہانی لکھ دی جائے۔ اپنے مشورے اور اگر آپ کچھ اور بھی کہنا چاہیں تو وہ بھی ضرور بتائیں۔ مجھے انتظار رہے گا۔

آپ میرے ساتھ ای میل یا ویب سائیٹ کے ذریعہ رابطہ کر سکتے ہیں۔

عارف محمود کسانہ

سٹاک ہوم۔ سویڈن

پیشِ لفظ

جب سے یہ عالم رنگ و بو معرضِ وجود میں آیا ہے،اُس وقت سے لے کر اب تک انسان کسی نہ کسی رنگ کہانیاں سننے اور اُنہیں بیان کرنے کا عادی ہے۔ اللہ تعالیٰ نے بھی اپنی نازل کردہ کتابوں میں قصّے بیان کیے ہیں جو ہمارے لیے اپنے اندر متعدد دحقائق، ہدایات اور عبرت خیز واقعات رکھتے ہیں۔ اِس نقطۂ نگاہ سے بچپن میں ہم سے اکثر انسان اپنے بزرگوں اور والدین سے مختلف قصّے اور کہانیاں سنا کرتے تھے۔ محترم دوست ڈاکٹر عارف محمود کسانہ نے بھی حکایت نویسی کا مجموعہ تیار کیا ہے تا کہ ہمارے بچے انہیں پڑھ کر اپنی زندگی کو سنوار سکیں اور ان کی روشنی میں اپنی ملّی زندگی کے لیے بھی کارآمد ہوں۔ امید و اثق ہے کہ ہمارے بچے اور بچیاں اِن حیات بخش اور دلچسپ حکایات سے متاثر ہو کر دوسروں کے لیے عمدہ نمونہ بن جائیں گے۔

یہاں اس امر کا نمونہ بے محل نہ ہو گا کہ کہانی کو دلچسپ بنانے اور اسے زیادہ مؤثر ذریعۂ نصیحت کے طور پر پیش کرنے کے لیے چند امور کو ملحوظ رکھنا بہت ضروری ہے۔ کہانی کا پلاٹ ایسا جاندار ہو کہ پڑھنے والے کے قلب و ذہن اس سے متاثر ہوئے بغیر نہ رہ سکیں۔ علاوہ ازیں بیان بھی آسان اور عام فہم ہو تا کہ قارئین مصنّف کی بات کو بخوبی سمجھ جائیں۔ اعلیٰ خیالات کو اگر اعلیٰ طریق سے بیان کیا جائے تو یہ بات دو آتشہ کا درجہ رکھے گی۔

یہ امر باعثِ صد افسوس ہے کہ ہمارے اکثر اہلِ علم و ادب نے ہماری نئی نسل خصوصاً یورپ اور امریکہ وغیرہ میں مقیم بچوں اور بچیوں کے بارے میں بہت کم کتب تصنیف یا مرتب کی ہیں۔ اگر ہم چاہتے ہیں کہ ہماری نئی نسل کا ہماری ملی روایات اور تاریخ و علم سے گہرا تعلق قائم رہے تو پھر ہمیں اپنے نوجوانوں اور بچوں کو اپنے علمی و ادبی ذخائر سے واقف رکھنا ہو گا۔ یہ بات وجہِ صد مسرت ہے کہ محترم عارف محمود کسانہ صاحب نے نسلِ نو کے لیے ایک کتاب تصنیف کی ہے جس میں دورِ جدید کی علمی اکتشافات کی روشنی میں اسلامی تاریخ سے متعلق کہانیاں اور قرآنی تعلیمات پر مبنی مختصر مگر دلچسپ انداز میں لکھی ہیں۔ ان کی یہ کاوش یقیناً قابلِ ستائش اور لائقِ تقلید ہے۔ امید ہے کہ ان کی یہ سعئ بلیغ بفضلِ خدا بار آور ہو گی۔ اللہ تعالیٰ سے دعا ہے کہ وہ محترم عارف کسانہ کی اِس مخلصانہ کوشش کو قبول و منظور کرے اور اُن کی اِس کتاب کو زیادہ سے زیادہ مقبولِ عام بنا دے۔ آمین۔

محمد شریف بقاؔ

صدرِ مجلسِ اقبال لندن

حرفِ تحسین

بچوں کے لیے ادب تخلیق کرنا ایک مشکل کام ہے جس کے لکھنے والے کو نہ صرف بچوں کے رجحانات کو مدِ نظر رکھنا ہوتا ہے بلکہ کہانی کو معلوماتی بنانے کے ساتھ ساتھ دلچسپ بھی بنانا پڑتا ہے یہ کام آجکل کے کمپیوٹر اور انٹرنیٹ کے زمانے میں زیادہ مشکل ہو گیا ہے ہمارے بچپن میں رسالہ تعلیم و تربیت، نونہال اور بچوں کی دنیا بہت مقبول تھے یہ رسالے کہانی بیان کرنے کے ساتھ بچوں کی اخلاقی تربیت بھی کرتے تھے۔ اس زمانے میں صوفی غلام مصطفٰی تبسم، اسماعیل میرٹھی اور حالی کے ساتھ ساتھ بچوں کو شیخ سعدی کی کتابوں بوستان اور دبستان کے اردو تراجم پڑھائے جاتے تھے۔

آج کل بچوں کے لیے، بالخصوص دیار غیر میں پیدا ہونے اور پروان چڑھنے والے بچوں کے لئے، مختصر مگر معیاری کہانیوں کی شدید قلت محسوس کی جا رہی ہے۔ اس کتاب کے مصنف عارف کسانہ صاحب جو کہ عرصہ دراز سے سویڈن میں مقیم ہیں نے اپنے بچوں کی پرورش اس انداز میں کی ہے کہ وہ پاکستان سے باہر رہنے کے باوجود اپنی قومی زبان بھی بولتے ہیں اور اپنی ثقافت سے بھی آشنا ہیں۔ اس لیے ان کی کہانیاں بچوں کی پرورش میں بہت مدد گار ثابت ہوں گی۔ یہ کہانیاں ہمارے زمانے سے تعلق رکھتی ہیں امید ہے بہت سے بچوں میں یہ کہانیاں اردو ادب کے ساتھ پائیدار رشتے کو استوار کریں گی اور اس بات میں معاون ثابت ہونگی کہ ہماری یہ خوبصورت زبان جس میں اقبال، غالب، فیض، ڈپٹی نذیر احمد، سعادت حسن منٹو، شبلی نعمانی اور عبداللہ حسین جیسے عظیم لوگوں نے لکھا ہے زندہ رہے گی اور ترقی کرے گی۔

طارق ضمیر

سفیر پاکستان

سٹاک ہوم، سویڈن

~ 15 ~

بچوں کی دینی و ذہنی تربیت و تابانی

یورپ میں رہتے ہوئے ہمارا المیہ یہ ہے کہ ہمارے بچے موجودہ جدید سائنسی و مادی دور میں اپنے دین اور تہذیب و ثقافت کے حوالے سے مسائل کا شکار ہو جاتے ہیں۔ انہیں سکولوں میں جو کچھ پڑھایا جاتا ہے وہ اُن کے گھریلو ماحول سے مطابقت نہیں رکھتا اور بچے مختلف سوالوں کے جال میں پھنس جاتے ہیں۔ ایک انتہائی پریشان کن مرحلہ یہ بھی ہوتا ہے کہ ان بچوں کے دینی و تہذیبی اور قومی تشخص کے حوالے سے اٹھائے جانے والے سوالات کے مناسب اور بڑے احسن طریقے سے جواب دینے میں والدین کی کوششیں بھی بیشتر اوقات ناکافی ہوتی ہیں۔

پاکستان میں بھی کم و بیش یہی صورت حال ہے اور ایک انتہائی پریشان کن مسئلہ یہ بھی ہے کہ بچوں کی صحیح اسلامی خطوط پر تربیت کیسے کی جائے کہ نونہالان وطن مستقبل میں معاشرے کی تعمیر و ترقی میں مثبت کردار ادا کر سکیں اور اسلامی طرز حیات اپناتے ہوئے دنیا اور آخرت میں سرخرو ہو سکیں۔ ہماری خوش قسمتی ہے کہ ڈاکٹر عارف محمود کسانہ نے اس ملّی ضرورت کو محسوس کرتے ہوئے بچوں کے لیے ایسی کہانیاں اور حکایات لکھی ہیں جو خالصتاً اسلامی سوچ و فکر کی عکاسی کرتے ہوئے بچوں کے لیے بڑی دلچسپ ہیں۔ یہ کہانیاں قرآن حکیم اور فرمودات نبی اکرم حضرت محمدﷺ کی روشنی میں اُنہیں اُن سوالوں کے مدلّل جوابات بھی مہیا کرتی ہیں جو معصوم ذہنوں میں ابھرتے ہیں۔

بچوں کے لیے کسی مخصوص سوچ و فکر اور نظریے کے تحت ادب تخلیق کرنا بہت ہی کٹھن کام ہے۔ اور خاص کر اِس دور پُر آشوب میں یہ کام تو اور بھی مشکل ہے۔ لیکن ڈاکٹر عارف محمود کسانہ نے بچوں کی صالح تربیت کے لیے جو کہانیاں تخلیق کی ہیں انہیں پڑھ کر بلاخوفِ تردید یہ بات کہی جا سکتی ہے کہ وہ نونہالانِ وطن کے لیے قلبی محبت سے سرشار ہیں اور وہ چاہتے ہیں کہ ہمارے بچے ہر قسم کی فرقہ بندی، رنگ و نسل اور ذات برادری سے ہٹ کر ایک مضبوط قومی جذبے اور خالص اسلامی اصولوں پر مبنی طرزِ حیات اختیار کریں۔ ان کہانیوں میں جس طرح قرآن و سنت کو بنیاد بناتے ہوئے، عصرِ حاضر کے پیچیدہ مسائل کے آسان ترین جوابات دینے کے لیے ’’قصص الانبیاء علیہ سلام‘‘ کو بیحد سلیس و سادہ زبان میں بطور مثال یوں پیش کیا گیا ہے کہ بچوں کے لیے انہیں ذہن نشین رکھنا بہت ہی آسان ہے اور یہی ان کہانیوں کی کامیابی ہے۔

مجھے امید ہے کہ بچے جب ان کہانیوں کو پڑھیں گے یا والدین خود انہیں پڑھ کر سنائیں گے تو وہ طبعی طور پر ان میں دلچسپی لیں گے اور خود کو اُسی سانچے میں ڈھالنے کی کوشش کریں گے جو انہیں اِن کہانیوں اور حکایات میں ایک صحیح انسان بننے کے لیے موجود ہے۔

مجھے امید ہے کہ کہانیوں کی یہ کتاب بچوں کے لیے بیحد مفید اور سبق آموز ثابت ہوگی اور ڈاکٹر عارف محمود کسانہ کی اِس کوشش کو سراہا جائے گا۔ انشاء اللہ۔

نصر ملک

سابق ایڈیٹر اردو سروس، ڈینش نیشنل براڈکاسٹنگ کارپوریشن۔ ڈنمارک۔

۱۔ ہم مسلمان کیوں ہیں؟

پیارے بچو! آپ یہ تو جانتے ہی ہوں گے کہ لندن براعظم یورپ کا سب سے بڑا شہر اور برطانیہ کا دارالحکومت ہے۔ یہاں دیکھنے کے لیے بہت سی جگہیں ہیں۔ بچوں کی پسند کی بہت ساری چیزیں ہیں۔ اِسی لندن شہر کے ایک علاقے میں ایک چھوٹی اور پیاری سی بچی علیشاہ اپنے امی، ابو اور دو بہنوں کے ساتھ رہتی ہے۔ تینوں بہنیں آپس میں بہت پیار سے رہتی ہیں۔ علیشاہ سب سے بڑی ہے اور وہ سکول جاتی ہے جبکہ اریبہ اور سب سے چھوٹی عناءَ گھر میں کھیلتی رہتی ہیں۔ اُن کے گھر کے پاس ہی بچوں کے لیے ایک چھوٹا سا پارک ہے جہاں جھولے اور کھیلنے والی بہت سی دوسری چیزیں بھی ہیں۔ وہ تینوں اپنی امی اور ابو کے ساتھ وہاں جاتی ہیں اور خوب مزے سے کھیلتی ہیں۔

ایک دن اریبہ نے پوچھا: امی جان ہم مسلمان کیوں ہیں؟

امی جان نے کہا کہ ہم مسلمان گھر میں پیدا ہوئے ہیں اس لیے ہم مسلمان ہیں۔ اریبہ نے پھر پوچھا کہ مسلمان کون ہوتا ہے اور جو مسلمان نہیں ہوتے ان میں اور مسلمانوں میں کیا فرق ہے؟ اُس کی امی جان نے بتایا کہ زمین، آسمان اور پوری دنیا کو اللہ تعالیٰ نے بنایا ہے انسانوں کو بھی اللہ نے پیدا کیا ہے۔ اللہ تعالیٰ نے انسانوں کے لیے زندگی بسر کرنے کے لیے قوانین اور طریقہ بنایا ہے جسے اسلام کہتے ہیں۔ اب جو بھی انسان اُس کے مطابق زندگی بسر کرتا ہے اُسے مسلمان یا مُسلم کہتے ہیں اور جو اُس کے مطابق زندگی بسر نہیں کرتا وہ مسلمان نہیں ہوتا۔ زندگی گزارنے کے لیے اللہ تعالیٰ کے وہ قوانین قرآن مجید میں موجود ہیں۔

اب علیشاہ نے پوچھا کہ: امی جان قوانین کا کیا مطلب ہے۔

اب امی جان نے بتانا شروع کیا کہ قانون کی جمع کو قوانین کہتے ہیں۔ قانون کا مطلب ہوتا ہے آئین، اصول اور وہ ضابطے جن کی سب کو پابندی کرنا ہوتی ہے۔ کچھ دن پہلے ہمارے گھر کے نزدیک دو گاڑیاں آپس میں ٹکرا گئی تھیں۔ تمہیں معلوم ہے ناں؟ جی امی جان۔ وہ جو سرخ اور نیلی گاڑیاں تھیں۔ علیشاہ نے جواب دیا۔

ہاں وہی سرخ اور نیلی گاڑیاں۔ اور اللہ کا شکر ہے کہ کوئی جانی نقصان نہیں ہوا۔ حادثے کے بعد وہاں پولیس آئی تھی۔ پولیس نے سب کچھ دیکھ کر سرخ کار والے کو کہا کہ قصور تمہارا ہے اور اُس کو جرمانہ بھی کر دیا۔ تمہیں معلوم ہے کہ پولیس نے یہ کیسے کہہ دیا کہ قصور سرخ گاڑی والے کا ہے؟ بات صاف تھی کہ سٹرک پر چلنے کے لیے قانون موجود ہے اور سٹرک کے جس طرف چلنے کی اجازت ہو، اسی جانب گاڑی چلائی جا سکتی ہے۔ جو بھی اس کے مخالف گاڑی چلائے گا وہ قانون کی خلاف ورزی کرے گا۔ سرخ گاڑی والے نے قانون کے خلاف گاڑی چلا کر جُرم کیا جس کی اُسے سزا ملی، جبکہ نیلی گاڑی والا قانون کے مطابق اپنے ہاتھ جا رہا تھا، اسی لیے پولیس نے اسے کچھ بھی نہیں کہا۔ یہ قانون انسانوں نے بنایا ہے تا کہ سب اچھے طریقہ سے رہیں اور کسی کو کوئی نقصان یا تکلیف نہ ہو۔

علیشاہ نے پھر پوچھا: امی جان، کیا اللہ تعالیٰ نے بھی کوئی قانون بنائے ہیں؟

امی جان: جی بیٹا۔ اللہ نے بھی قانون بنائے ہیں جن کے خلاف چلنے سے انسان کو بڑا نقصان ہوتا ہے۔

علیشاہ: امی جان، اس کی بھی کوئی مثال بتا دیں۔

امی جان نے بتانا شروع کیا اور کہا کہ تمہیں معلوم ہے ناکہ تمہارے ماموں زاد بھائی ناصر نے آگ میں ہاتھ ڈال دیا تھا۔ جس سے اُس کا ہاتھ بُری طرح جل گیا تھا۔ وہ شدید درد کی وجہ سے چیخ رہا تھا۔ اُس کی یہ حالت دیکھ کر تمہارے ماموں کہہ رہے تھے: اچھا ہوا! اب تمہیں سمجھ آئے گی۔ ہم تمہیں روز سمجھاتے تھے کہ آگ کے

ساتھ نہیں کھیلا کرو لیکن تم بازہی نہیں آتے تھے۔ اب تمہارا ہاتھ جل گیا ہے تو آئندہ کے لیے تمہیں نصیحت ہو جائے گی۔ یہ تمہارے اپنے عمل کا نتیجہ ہے جس کی تمہیں سزا ملی ہے۔

کیا تمہیں معلوم ہوا کہ ناصر کو کس بات کی سزا ملی؟ اُسے قانون کے خلاف چلنے کی سزا ملی۔ آگ کی خاصیت ہے کہ جو بھی اس میں ہاتھ ڈالے گا اس کا ہاتھ جل جائے گا۔ اِس کو بھی قانون کہتے ہیں۔ یہ قانون خدا کا بنایا ہوا ہے۔ خدا نے اِس طرح کے بہت سے اور قوانین بھی بنائے ہیں جن کے خلاف چلنے سے انسانوں کو بڑا نقصان ہوتا ہے۔ اِسی لیے ہمیں چاہیے کہ ہم خدا کے بنائے ہوئے قوانین کے مطابق زندگی گزاریں۔ اِسی کو اسلام کہتے ہیں۔

ہم مسلمان ہیں اور جو بھی اللہ نے قرآن مجید میں کہا ہے، اُس کے مطابق زندگی بسر کرتے ہیں۔ قوانین کے مطابق زندگی بسر کرنے سے انسان خود بھی امن اور سلامتی سے رہتا ہے اور دوسرے بھی امن اور سکون سے رہتے ہیں۔ اسی لیے اسلام کے معنی امن اور سلامتی کے ہیں۔

علیشاہ نے کہا: امی جان۔ آپ کا بہت شکریہ۔ آپ نے مجھے بہت اچھی باتیں بتائی ہیں جو میں اپنے دوستوں کو بھی بتاؤں گی۔

۲۔ ایمان کسے کہتے ہیں؟

علیشاہ کی امی نے گھبرائے ہوئے اُس کے ابُو سے کہا:علیشاہ کو سکول سے جاکر لے آئیں

کیوں کیا ہوا اُسے؟۔علیشاہ کے ابُو نے پوچھا۔علیشاہ کی امی نے کہا کہ سکول سے فون آیا ہے کہ اُسے پیٹ میں درد ہے اور وہ رو رہی ہے۔ آپ اسے ڈاکٹر کے پاس لے جائیں۔

علیشاہ کے ابُو نے کہا: ٹھیک ہے۔ میں ابھی اُس کے سکول جاکر اُسے ڈاکٹر کے پاس لے جاتا ہوں۔ اور وہ علیشاہ کو لینے چلے گئے۔ سکول جاکر دیکھا تو علیشاہ درد کے مارے رو رہی تھی۔ ابُو نے اُسے تسلی دی کہ درد ابھی ختم ہو جائے گا۔ فکر نہ کرو۔ وہ اُسے فوراً ڈاکٹر کے پاس لے گئے۔ ڈاکٹر نے علیشاہ کو چیک کرکے دوا لکھ دی۔

علیشاہ نے پوچھا: کیا شام تک مجھے آرام آجائے گا؟

بیٹا، بالکل شام تک آرام آجائے گا۔ ڈاکٹر صاحب نے اُسے پیار سے یہ کہا اور تاکید کی کہ دوا کی ایک خوراک ابھی لے لینا اور دوسری چار گھنٹے بعد لے لینا تو شام تک انشاءاللہ آرام آجائے گا۔

گھر آکر علیشاہ دوا کھا کر آرام سے بستر پر لیٹ گئی۔ شام تک اُس کا درد بھی ٹھیک ہو گیا۔ علیشاہ نے اپنے ابُو سے کہا کہ ڈاکٹر صاحب بہت اچھے ہیں۔ اُن کے علاج سے میں جلدی ٹھیک ہو گئی ہوں۔ کیا میں کل سکول جاسکتی ہوں؟ علیشاہ کے ابُو نے اُسے بڑے پیار سے کہا: جی بیٹا۔ اگر تم مکمل ٹھیک ہو گئی تو کل سکول جاسکتی ہو ۔

علیشاہ نے کہا کہ اگر میں دوا نہ لیتی تو مجھے ابھی بھی درد ہو رہا ہوتا۔ علیشاہ کے ابُو نے کہا کہ جب بھی کوئی بیمار ہو تو اُسے ڈاکٹر کے پاس جانا چاہیے اور جو بھی دوا ملے وہ لینی چاہیے۔ یہ لازمی ہے اور اِسے بھی قانون کہتے ہیں۔ اِس پر ہمارا اعتماد ہوتا ہے۔ انسان نے اللہ کے دیئے ہوئے علم سے یہ سیکھا ہے۔ اللہ نے جو بھی قوانین بنائے ہیں اُن پر ہمارا ایمان ہے۔

یہ ایمان کیا ہوتا ہے؟ اس کا کیا مطلب ہے؟ علیشاہ نے پوچھا۔

تم سوال بہت کرتی ہو اور یہ بہت اچھی بات ہے۔ بچوں کو بڑوں سے سوال ضرور پوچھنے چاہیں۔ اِس طرح اُنہیں بہت سی نئی باتوں کے بارے پتہ چلتا ہے اور وہ بہت کچھ جان لیتے ہیں۔

ایمان کسے کہتے ہیں، یہ میں تمہیں سمجھاتا ہوں۔ اگر کوئی دو تین دِن سے بھوکا ہو تو جانتی ہو کہ اُس کا کیا حال ہو گا؟ علیشاہ نے کہا کہ اُس کا تو بھوک سے بہت بُرا حال ہو جائے گا۔ اُس کا تو دِل چاہے گا کہ ابھی کچھ کھانے کو مِلے اور وہ جلدی سے کھالے۔

اَبو: تم بالکل ٹھیک کہہ رہی ہو۔ اُسے جو بھی مِلے گا وہ کھالے گا۔ اِتنی زیادہ بھوک بھی تو برداشت نہیں ہو سکتی۔ اگر اُس کے سامنے کوئی گرم گرم بریانی کی پلیٹ لے آئے تو وہ کیا کرے گا؟

علیشاہ: وہ تو فوراً ایک لقمہ اُٹھا کر منہ میں ڈال لے گا۔ اور جلدی جلدی بریانی ختم کر دے گا۔

اُبو: لیکن اگر جو نہی وہ ایک لقمہ اُٹھانے لگے اور بھاگ کر باورچی آئے اور اُسے بتائے کہ بریانی میں غلطی سے نمک کی جگہ زہر پڑ گیا ہے، تو وہ کیا کرے گا؟ کیا وہ سخت بھوک میں ہونے کی وجہ سے وہ بریانی کھالے گا؟

علیشاہ: نہیں اَبو۔ وہ نہیں کھائے گا۔ اگر وہ زہر والی بریانی کھائے گا تو مر جائے گا۔

اُبو: تمہارا مطلب ہے کہ وہ سخت بھوک اور کچھ وقت کے لیے برداشت کر لے گا، مگر زہر والا کھانا نہیں کھائے گا۔ کیونکہ اگر وہ زہر والا کھانا کھائے گا تو وہ مر جائے گا۔

علیشاہ: جی اَبو۔ وہ تو سخت بھوک کے باوجود بریانی کی پلیٹ کو ہاتھ بھی نہیں لگائے گا۔

اَبو: بالکل۔ تم نے درست کہا۔ اُسے جتنا مرضی لالچ دیں یا کتنی ہی سختی کریں، وہ زہر والے کھانے کا ایک لقمہ بھی اپنے منہ میں نہیں ڈالے گا۔ جس طرح اُسے پورا یقین ہے کہ زہر والا کھانا کھانے سے وہ مر جائے گا،

اِسی طرح ہمیں بھی یقین ہے کہ اگر ہم اللہ کے بنائے ہوئے قوانین کے خلاف چلیں گے تو لازمی نقصان ہو گا۔ اللہ کے قوانین پر یقین رکھنے کو ایمان کہتے ہیں۔ اور ایمان رکھنے والے کو مومن کہتے ہیں۔ اُس ایمان کی وجہ سے مومن تمام نقصانات سے محفوظ رہتا ہے۔ خدا کے قوانین پر چلنے سے کامیابی حاصل ہوتی ہے اور خلاف ورزی پر نقصان اٹھانا پڑتا ہے۔

علیشاہ: اس کا مطلب یہ ہوا کہ ایمان رکھنا ضروری ہے؟

ابو: جی بیٹا۔ اللہ پر ایمان سب سے ضروری ہے اور اللہ نے جو بھی قانون بنائے ہیں وہ سب سچے ہیں اور ہم اُن کے مطابق ہی زندگی بسر کرتے ہیں۔ اِس سے کسی کو نقصان بھی نہیں ہوتا اور سب مزے سے زندگی بسر کرتے ہیں۔

علیشاہ: ابو۔ مومن سے دوسروں کو کیا فائدہ ہوتا ہے۔

ابو: مومن سے سب کو فائدہ ہوتا ہے چاہے کوئی مسلمان ہو یا نہ ہو۔ ایمان کا لازمی نتیجہ امن ہوتا ہے اور مومن صرف اپنے آپ کو ہی نہیں بلکہ دوسروں کو بھی نقصانات اور خطروں سے محفوظ رکھتا ہے۔ مومن کے معنی ہیں کہ وہ مرد یا عورت جس کی زندگی کا مقصد یہ ہو کہ وہ اللہ کے بنائے ہوئے قوانین کے مطابق چلے اور اُس سے دوسروں کو امن ملے اور دنیا میں بھی امن اور سلامتی ہو۔ اس سے دنیا میں امن اور سکون رہتا ہے۔ یہ بھی تمہیں علم ہونا چاہیے کہ اللہ تعالیٰ کا ایک نام المومن بھی ہے یعنی امن دینے والا۔

علیشاہ: ابو۔ اِس کا مطلب تو یہ ہوا کہ اللہ نے ہمیں جو بھی کہا ہے اُس پر مکمل یقین رکھیں۔ خود بھی امن سے رہیں اور دوسروں کو بھی امن و سکون دیں۔

تم صحیح سمجھی ہو۔ ایمان کی یہی بنیاد ہے۔ ایک مسلمان کا کن کن چیزوں پر ایمان ہونا لازمی ہے یہ سب تمہیں پھر کبھی بتاؤں گا۔ اب تم سو جاؤ تاکہ صبح جلدی اٹھ کر اسکول جا سکو۔

۳۔ اللہ اور انسانوں کے قانون میں فرق

علیشاہ سکول سے گھر آئی اور اپنی امی سے کہا کہ امی جان، مجھے بہت بھوک لگی ہے۔ جلدی سے مجھے کھانا دے دیں۔ امی جان نے کہا کہ بیٹا، جب بھی گھر آتے ہیں تو سب پہلے سلام کرتے ہیں اور پھر ہاتھ منہ دھو کر کھانا کھاتے ہیں۔ علیشاہ نے کہا کہ امی جان، بہت زور کی بھوک لگی تھی، اِس لیے میں بھول گئی۔ امی جان نے کہا کہ کوئی بات نہیں۔ تم ہاتھ منہ دھولو، میں تمہارے لیے کھانا نکالتی ہوں۔ علیشاہ نے کھانا کھا کر پہلے اللہ تعالیٰ کا شکر ادا کیا کہ اُس نے ہمارے لیے کھانے کی اِتنی اچھی اچھی چیزیں پیدا کی ہیں۔ پھر اُس نے اپنی امی جان کا شکر یہ ادا کیا جنہوں نے اُس کے لیے بہت مزیدار کھانا تیار کیا۔ کھانا کھانے کے بعد علیشاہ نے امی جان سے کہا کہ آپ نے جو باتیں مجھے بتائی تھیں وہ میں نے اپنے دوستوں کو بھی بتائی ہیں اور اُن سب نے بہت پسند کی ہیں۔ مگر میری ایک دوست لائبہ نے پوچھا ہے کہ کیا صرف مسلمان گھر میں پیدا ہونے سے ہی کوئی مسلمان ہو سکتا ہے؟ اور اگر کوئی مسلمان گھر انے میں پیدا نہ ہو تو کیا وہ مسلمان نہیں بن سکتا؟ امی جان نے کہا کہ لائبہ نے بہت اچھا سوال پوچھا ہے۔ یہ ضروری نہیں کہ مسلمان ہونے کے لیے کوئی مسلمان گھر انے میں ہی پیدا ہو۔ اگر کوئی مسلمان گھر انے میں پیدا نہ بھی ہوا ہو، مگر وہ قرآن شریف کو پڑھے اور اِسے سمجھے، پھر اگر اُسے اچھا لگے اور اسلام پسند آجائے تو وہ مسلمان بن سکتا ہے۔ مسلمان ہونے کے لیے صرف مسلمان گھر انے میں پیدا ہونا ضروری نہیں۔

اب علیشاہ نے پوچھا: امی جان، ایک اور سوال ہے کہ پچھلی کہانی میں آپ نے اللہ تعالیٰ کے قوانین اور انسانوں کے بنائے ہوئے قوانین کی مثال دی تھی۔ یہ بتائیں کہ اِن دونوں میں کیا فرق ہے؟ امی جان نے کہا کہ اُس کہانی میں جو دو مثالیں تمہیں بتائی تھیں۔ وہ تو تمہیں یاد ہیں نا؟

علیشاہ نے جواب دیا: جی امی، مجھے وہ یاد ہیں۔ ایک گاڑیوں کی ٹکر والی اور دوسری آگ میں ہاتھ جلنے والی۔

علیشاہ کی امی نے خوشی سے کہا: شاباش! میری بیٹی کو سب یاد ہے۔ اچھا اب سنو۔ میں تمہیں بتاتی ہوں کہ دونوں میں کیا فرق ہے۔ جب گاڑیوں کی ٹکر ہوئی تھی، اگر وہاں کوئی دیکھنے والا یا پولیس والا نہ ہوتا اور ٹکر مارنے والا بھاگ جاتا، تو ممکن ہے کہ وہ سزا سے بچ جاتا۔ مگر دوسری مثال میں ناصر گھر میں یا باہر، اکیلے یا کسی کے سامنے، جہاں کہیں بھی آگ میں ہاتھ ڈالتا اُسے ویسا ہی درد ہوتا اور اُس کا ہاتھ جل جاتا۔ اِس سے کوئی فرق نہیں پڑتا کہ کوئی دیکھ رہا ہے یا نہیں۔ یہ ہے اللہ اور انسانوں کے بنائے ہوئے قانون میں فرق۔ علیشاہ نے کہا کہ امی جان، آپ کا مطلب ہے کہ انسانوں کے بنائے ہوئے قانون میں بعض اوقات ایسا بھی ہوتا ہے کہ جُرم کرنے والا سزا سے بچ جاتا ہے، لیکن اللہ کے قانون میں ایسا نہیں ہوتا۔ جی بیٹا تم بالکل صحیح سمجھی ہو۔ انسانوں کے قانون میں تو کبھی ایسا بھی ہوتا ہے کہ جُرم کوئی کرتا ہے اور سزا کسی اور کو ملتی ہے، لیکن خدا کے قانون میں یہ ہو ہی نہیں سکتا کہ آگ میں اُنگلی کوئی ڈالے اور درد کسی اور کو ہو۔ درد اُسی کو ہو گا جو آگ میں اُنگلی ڈالے گا اور جو اُنگلی نہیں ڈالے گا اُسے درد بھی نہیں ہو گا۔ خدا کے قانون میں کبھی ایسا نہیں ہوتا کہ جُرم کرنے والے کو سزا نہ ملے اور بے گناہ مفت میں پکڑا جائے، اور اُسے سزا ملے۔ اِس کے علاوہ دو اور بہت بڑے فرق ہیں۔

وہ کیا امی جان؟ علیشاہ نے پوچھا۔ امی جان نے کہا کہ ایک فرق یہ ہے کہ انسانوں کے قانون میں تو تبدیلی ہو سکتی ہے مگر اللہ کے قانون میں تبدیلی ممکن نہیں۔ علیشاہ نے پوچھا: وہ کیسے امی جان؟

امی جان نے کہا کہ انسان اپنے لیے خود قانون بناتے ہیں اور جب چاہیں وہ خود ہی اُس کو بدل بھی سکتے ہیں۔ مثلاً سویڈن اور کچھ دوسرے ملکوں میں پہلے گاڑیاں بائیں ہاتھ چلنے کا قانون تھا۔ پھر انہوں نے بدل کر اب دائیں طرف گاڑیوں کے چلنے کا قانون بنا لیا۔ حکومتیں اکثر نئے قانون بناتی رہتی ہیں اور پرانے قوانین میں تبدیلیاں بھی ہوتی رہتی ہیں۔ مگر اللہ کے قانون میں کوئی تبدیلی نہیں ہوتی۔ یہ ہمیشہ ویسا ہی رہتا ہے۔

علیشاہ نے پوچھا: کیا اللہ کے قانون میں تبدیلی نہیں ہوتی؟ اس پر امی جان نے جواب دیا: نہیں بیٹا! اللہ کے بنائے

مل کر بھی یہ نہیں کر سکتے کہ آگ نہ جلائے۔ اللہ نے آگ میں جو خاصیت رکھی ہے اُسے کوئی نہیں بدل سکتا۔ یہ اللہ کا قانون ہے، یعنی اللہ کا بنایا ہوا اصول اور طریقہ جسے سنت اللہ بھی کہتے ہیں۔

علیشہ نے پوچھا: اور دوسرا فرق کون سا ہے امی جان؟ امی جان نے جواب دیا: میری پیاری بیٹی! دوسرا فرق یہ ہے کہ اللہ کا قانون ہر جگہ ایک جیسا ہوتا ہے۔ مگر انسانوں کا بنایا ہوا قانون ہر جگہ ایک جیسا نہیں ہوتا۔

علیشاہ نے پوچھا: کیا انسانوں کا قانون ہر جگہ ایک جیسا نہیں ہوتا؟ امی جان نے جواب دیا: نہیں بیٹا! انسانوں کا قانون ہر جگہ ایک جیسا نہیں۔ مثلاً پاکستان، برطانیہ، جاپان، بھارت، آسٹریلیا اور چند دیگر ملکوں میں گاڑی کو سڑک کے بائیں جانب چلانے کی اجازت ہے، لیکن سویڈن، اٹلی، جرمنی، امریکہ، چین اور دنیا کے زیادہ تر ممالک میں گاڑی صرف دائیں طرف ہی چلا سکتے ہیں۔ اِسی طرح اور بہت سے قوانین ہیں جو ہر جگہ ایک جیسے نہیں۔

علیشاہ نے پوچھا: تو کیا اللہ کے قانون ہر جگہ ایک جیسے ہیں؟ امی جان نے جواب دیا: جی میری جان! اللہ کے قوانین ہر جگہ ایک جیسے ہیں۔ دنیا میں جہاں بھی کوئی آگ میں ہاتھ ڈالے گا تو اُس کا ہاتھ جل جائے گا۔ کوئی جہاں مرضی ہو، اکیلا ہو یا کسی کے ساتھ۔ پاکستان میں یا امریکہ میں یا دنیا کے کسی بھی ملک میں، چھوٹا ہو یا بڑا، مسلمان ہو یا غیر مسلم سب کے لیے قانون ایک جیسا ہے۔ اِسی طرح اللہ کے بنائے ہوئے سارے قوانین سب جگہ ایک جیسا نتیجہ پیدا کرتے ہیں۔ اِس لیے ہمیں اللہ کے قانون کو ماننا ہوتا ہے اور اُس کے مطابق ہی زندگی بسر کرنی چاہیے۔ اِسی کو اسلام کہتے ہیں۔

علیشاہ نے کہا: امی جان! اب مجھے اچھی طرح پتہ چل گیا ہے اور اب میں کل اپنے دوستوں کو بھی یہ سب بتاؤں گی اور وہ سب بھی یہ جان کر بہت خوش ہوں گے۔

۴۔ اسلام کسے کہتے ہیں اور کن چیزوں پر ایمان ضروری ہے !

تحریم، شہیر اور ماحین بہت خوش تھے کہ اُن کے پھپھوزاد بہن اور بھائی سردیوں کی چھٹیوں میں اُن کے پاس آئے ہوئے تھے۔ انہوں نے چھٹیوں میں خوب گھومنے کا پروگرام بنار کھا تھا۔ اُن کے اُبو نے بھی اپنے کام سے کچھ چھٹیاں لے رکھی تھیں تا کہ بچوں کو لندن کی سیر کرائی جاسکے۔ مادام تساؤ کے مومی مجسمہ گھر، لندن آئی، چڑیا گھر، شاہی محل، نیچرل ہسٹری اور سائنس میوزیم دیکھنے کا پروگرام طے تھا۔ بچوں میں بہت جوش و خروش تھا۔

سب سے پہلے لندن آئی دیکھیں گے ماحین نے جھٹ سے کہا۔ یہ لندن آئی کیا ہے؟ ماحین کے پھپھوزاد بھائی حارث نے پوچھا۔ ماحین کی امی نے بتانا شروع کیا کہ لندن شہر میں دریائے تھیم کے کنارے ایک بہت بڑا گول پہیے کی طرح گھومتا ہوا چکر ہے جسے لندن آئی کہتے ہیں۔ یہ یورپ کا سب سے بڑا ایک گول چکر ہے جس میں بتیس کیپسول جیسے بڑے ڈبہ نما کمرے ہیں جس میں سے ہر ایک میں پچیس لوگ بیٹھ کر بہت اونچائی سے لندن شہر کا نظارہ کرتے ہیں۔ یہ پہیہ بہت آہستہ سے چلتا ہے اور ایک پورا گول چکر آدھے گھنٹے میں مکمل ہوتا ہے۔ اِسے میلینیئم ویل یا برٹش ایرویز لندن آئی بھی کہتے ہیں۔

حارث نے پوچھا کہ بہت اوپر جا کر تو ڈر بھی لگتا ہو گا۔ تحریم کے ابو بولے کہ ہاں کچھ بچے اوپر جا کر ڈر جاتے ہیں کیونکہ بالکل نیچے دریا نظر آرہا ہوتا ہے، لیکن فکر والی کوئی بات نہیں کیونکہ وہ کیپسول مکمل بند ہوتا ہے۔ اب تم سب سو جاؤ تا کہ صبح جلدی اٹھ کر لندن آئی دیکھنے جاسکیں کیونکہ وہاں بہت رش ہوتا ہے اور ٹکٹ لینے کے لیے انتظار کرنا پڑتا ہے۔

اگلی صبح بچے جلدی اُٹھ کر تیار ہو گئے اور سب لوگ لندن کی زیر زمین ٹرین میں بیٹھ کر روانہ ہوئے۔ ٹرین کے اسٹیشن سے باہر آئے تو تھوڑی دیر کے بعد انہیں برطانیہ کی پارلیمنٹ کی خوبصورت عمارت نظر آئی اور پھر لندن آئی نظر آتے ہی بچوں نے شور مچانا شروع کر دیا۔ کچھ انتظار کے بعد جب لندن آئی میں سوار ہونے کی باری آئی تو سب جلدی سے کیپسول میں چلے گئے کیونکہ یہ رکتا نہیں بلکہ آہستہ آہستہ چلتار ہتا ہے۔ پھر اوپر جا کر جب

لندن شہر کا نظارہ کیا تو سب بہت خوش ہوئے۔ ماحین تو ڈر کر اپنے ابو کے ساتھ چمٹ گئی۔ شام کو جب گھر واپس آئے تو سب بچے کھانا کھا کر بیٹھ گئے اور اپنے سکول اور دوستوں کی باتیں کرنے لگے۔ تحریم نے حارث اور رخسار کو بتایا کہ اُس کی امی اور ابو نے اُسے بہت اچھی کہانیاں سنائی ہیں جو اُس کے دوستوں کو بھی پسند آئی ہیں۔ اتنی دیر میں ابو بھی بچوں کے کمرے میں آ گئے اور بچوں سے باتیں کرنے لگے۔

تحریم نے کہا ابو! آپ نے کہا تھا کہ آپ بتائیں گے کہ ایک مسلمان کے لیے کن چیزوں پر ایمان رکھنا ضروری ہے۔ حارث نے بھی کہا ماموں جان! میں بھی یہ جاننا چاہتا ہوں۔ تحریم کے ابو نے کہا: یہ تو آپ کو معلوم ہے کہ ایمان اُسے کہتے ہیں جو دل اور دماغ کے پورے یقین کے ساتھ تسلیم کیا جائے اور جس میں کوئی معمولی سا بھی شک نہ ہو۔ اسلام میں پانچ چیزوں پر ایمان رکھنا لازمی ہے۔ اُن کے بغیر کوئی مسلمان نہیں ہو سکتا۔ وہ پانچ چیزیں یہ ہیں: اللہ پر ایمان، اللہ کے رسولوں پر ایمان، اللہ کی بھیجی ہوئی کتابوں پر ایمان، اللہ کے فرشتوں پر ایمان اور قیامت، یعنی مرنے کے بعد کی زندگی پر ایمان۔ حارث نے پوچھا کہ ماموں جان، کیا ان سب پر ایمان ہونا ضروری ہے؟ اگر کوئی کسی ایک پر ایمان نہ رکھے تو کیا وہ مسلمان ہو سکتا ہے؟ حارث کے ماموں نے اُس سے پوچھا کہ جب تم نے فیس بک اور ای میل استعمال کرنا ہو تو انہیں کیسے کھولتے ہو؟ حارث نے جواب دیا کہ انہیں کھولنے کے لیے میں اپنا نام اور پاس ورڈ لکھتا ہوں۔ ماموں جان نے کہا کہ اگر تم پاس ورڈ میں ایک حرف یا ہندسہ کم لکھو تو کیا فیس بک یا ای میل کھل جائے گی؟ حارث نے جواب دیا: نہیں ماموں جان۔ اگر ایک بھی حرف یا ہندسہ کم ہو تو وہ نہیں کھل سکتیں۔

ماموں جان نے کہا: بالکل اِسی طرح اگر ان پانچ میں سے ایک بھی کم ہو تو مسلمان نہیں ہو سکتا۔ یہ سمجھو کہ اسلام میں داخل ہونے کے لیے یہ پانچ چیزیں ایک پاس ورڈ ہیں۔ کوئی اگر ان میں سے کسی ایک کو بھی نہیں مانتا تو اس کا ایمان مکمل نہیں ہوتا اور وہ شخص مسلمان نہیں کہلا سکتا۔ انہیں اجزائے ایمان کہتے ہیں۔

حارث نے کہا: ماموں جان اب ان پانچوں کی تھوڑی سی تفصیل بھی بتا دیں۔

ماموں جان نے بتانا شروع کیا کہ سب سے پہلے ایک مسلمان کا اللہ پر ایمان ہوتا ہے کہ اللہ ایک ہے اور وہ اُسی کی عبادت کرتا ہے۔ عبادت کا مطلب صرف نماز روزہ وغیرہ ہی نہیں بلکہ وہ زندگی کے ہر کام میں صرف اسی کا حکم مانتا ہے۔ اللہ نے انسانوں کو سیدھی راہ بتانے کے لیے اپنے خاص بندے مقرر کیے تھے جنہیں رسول یا نبی کہتے ہیں۔ ہم تمام رسولوں پر ایمان رکھتے ہیں۔ ہمارے پیارے نبی کا نام حضرت محمد صلی اللہ علیہ وسلم ہے۔ آپ صلی اللہ علیہ وسلم آخری نبی ہیں۔ اللہ تعالیٰ نے لوگوں کو اچھی زندگی گزارنے کے لیے کتابیں بھی بھیجیں۔ وہ کتابیں صرف رسولوں کو دیں۔ ہم مسلمان اُن کتابوں پر ایمان رکھتے ہیں۔ قرآن مجید آخری کتاب ہے۔ اللہ نے فرشتے بھی پیدا کیے ہیں جو اللہ کا ہر حکم مانتے ہیں۔ ہم فرشتوں کو نہیں دیکھ سکتے مگر وہ ہمیں دیکھ سکتے ہیں۔ اس کے بعد ہم مسلمانوں کا یہ بھی لازمی ایمان ہے کہ مرنے کے بعد اللہ سب کو پھر زندہ کرے گا، جسے قیامت اور آخرت بھی کہتے ہیں۔ اور جو لوگ دنیا میں اچھے کام کرتے رہے ہوںگے اور اللہ کے حکم مانتے رہے ہوںگے، انہیں وہاں رہنے کے لیے بہت اچھی جگہ ملے گی، جسے جنت کہتے ہیں۔ جو لوگ اللہ تعالیٰ کے احکامات کے خلاف زندگی بسر کریں گے وہ وہاں ناکام ہوںگے اور انہیں دوزخ میں رہنا ہو گا۔ ان سب پر دل اور دماغ سے یقین رکھنا ہی ایمان ہے۔

حارث نے پوچھا کہ اگر ہم مختصر الفاظ میں اسلام کی تعریف کرنا چاہیں تو کن الفاظ میں کریں گے ؟

ماموں جان نے جواب دیا کہ اسلام عربی زبان کا لفظ ہے جو س۔ ل۔ م سے نکلا ہے۔ اس کے معنی سلامتی، اطاعت کرنا، سر تسلیم خم کرنا، ہر قسم کے نقص سے پاک ہونا، اعتدال اور توازن کی راہ اختیار کرنا ہے۔

دینِ اسلام کی تعریف یوں کی جاسکتی ہے:

اسلام اللہ کی طرف سے اُس کے آخری نبی حضرت محمد مصطفیٰ ﷺ کی طرف بھیجا ہوا دین یعنی نظام زندگی ہے جس کا آئین قرآن حکیم ہے۔ اُس پر مکمل ایمان اور اس کے سامنے سرِ تسلیم خم کرتے ہوئے اس کے مطابق زندگی بسر کرنا اسلام ہے۔

دوسرے الفاظ میں اسلام مسلمانوں کا دین یا نظام زندگی ہے جس میں اللہ کی توحید کا اقرار کرتے ہوئے اس کا ہر حکم ماننا اور حضرت محمد مصطفیٰ ﷺ کو آخری نبی تسلیم کرنا مسلمانوں پر فرض ہے۔ قرآن مجید اور رسول پاک ﷺ کی سیرت کے مطابق زندگی بسر کرنا اسلام ہے۔

حارث نے ماموں جان کا شکریہ ادا کیا اور کہا کہ ہم یہ باتیں ہمیشہ یاد رکھیں گے۔

ماموں جان نے کہا: اب آپ لوگ سو جائیں باقی باتیں پھر کریں گے۔

۵۔ نبی اور رسول کسے کہتے ہیں؟

حارث چوتھی جماعت میں پڑھتا ہے۔ وہ سکول باقاعدگی سے جاتا ہے اور سکول کا کام بھی وقت پر کرتا ہے۔ ایک دن جب وہ سکول سے گھر آتا ہے تو اُس کے ابو پوچھتے ہیں کہ آج سکول میں کیا پڑھا ہے۔ حارث اس کی تفصیل بتاتا ہے۔ پھر ابو ہوم ورک کرنے میں اُس کی مدد کرتے ہیں۔ حارث کو تاریخ کے مضمون سے بہت دلچسپی ہے۔ اُس نے اپنے ابو کو بتایا کہ وہ آج کل سکول میں انسان کی تاریخ کے بارے میں پڑھ رہے ہیں کہ دنیا میں انسان کیسے رہتے رہے ہیں اور کون کون سے زمانے گذرے ہیں۔ حارث نے کہا کہ اسے یہ سب پڑھ کر بہت مزا آتا ہے۔

حارث کے ابو نے پوچھا کہ بتاؤ آپ نے سکول میں اس بارے میں کیا پڑھا ہے، تو اُس نے بتایا کہ دنیا میں انسان کی تاریخ کے چار زمانے ہیں۔ پہلا زمانہ پتھر کا زمانہ، پھر تانبے کا زمانہ، اس کے بعد کانسی کا زمانہ اور آخر میں لوہے کا زمانہ جو ابھی بھی جاری ہے۔ اسی طرح دنیا میں جب سے انسانوں کا وجود ہے اس کے تین ادوار ہیں۔ پہلا دور بہت ہی پرانے زمانے سے لیکر حضرت عیسیٰؑ کی پیدائش تک۔ دوسرا حضرت عیسیٰؑ کی پیدائش سے ایک ہزار سال تک، اور آخری دور ایک ہزار سال سے لیکر اب تک کا زمانہ ہے۔ حارث کے ابو نے کہا: تم نے تو بہت اہم پڑھا ہے۔ جی ابو جان یہ سب جان کر مجھے بہت اچھا لگا ہے۔ مگر میرا ایک سوال ہے کہ اگر ہر دور میں انسان مختلف طریقے سے رہتے تھے، تو کیا اللہ کے رسول بھی اُسی طرح آتے رہے؟ ایک سوال یہ بھی ہے کہ رسولوں کی ضرورت کیا تھی؟ کیا اُن کے بغیر انسان نہیں رہ سکتے تھے؟

حارث کے ابو نے کہا کہ اللہ تعالیٰ نے جب انسانوں کو پیدا کیا تو اُن کی رہنمائی کے لیے اپنے خاص بندے بھیجتا رہا جنہیں نبی یا رسول کہتے ہیں۔ وہ لوگوں کو اچھی طرح سے رہنے اور زندگی بسر کرنے کا طریقہ بتاتے تھے۔

انسانوں کو اس کی ضرورت تھی کیونکہ رسولوں کی رہنمائی کے بغیر انسان ترقی نہیں کر سکتا تھا، اور نہ ہی اسے یہ معلوم ہو تا کہ اللہ تعالیٰ کون ہے، اللہ کے قانون کیا ہیں اور اُن پر کیسے چلنا ہے۔ یہی انسانوں اور جانوروں میں

فرق ہے۔ جانوروں میں کوئی رسول نہیں آیا اور آج بھی سب جانور اُسی طرح ہیں جیسے بہت ہی پرانے زمانے میں تھے اگر اُن میں کوئی تبدیلی بھی ہے تو وہ انسانوں کی وجہ سے ہے۔

اللہ تعالیٰ اپنے رسولوں کے ذریعے انسانوں کی رہنمائی کرتا ہے۔ یہ سمجھو جیسے دیکھنے کے لیے آنکھوں کے ساتھ روشنی کی ضرورت ہوتی ہے اسی طرح انسان کو اپنی عقل کے ساتھ اللہ کی جانب سے رہنمائی کی ضرورت ہوتی ہے۔ وہ رہنمائی اللہ اپنے رسولوں کو دیتا تھا پھر وہ اپنے دور کے انسانوں کو دیتے تھے۔ اِسی لیے ہر دور میں اللہ تعالیٰ اپنے رسول بھیجتا رہا ہے۔ جب بھی نیا دور آتا تو اُس کے مطابق اللہ تعالیٰ اپنے رسول اور نبی بھیجتا تاکہ انسانوں کو رہنمائی ملتی رہے۔ نبی اور رسول ایک ہی حقیقت کے دو نام ہیں، یعنی وہ اللہ تعالیٰ سے ہدایت لے کر دوسرے انسانوں تک پہنچاتے تھے۔

حارثنے پوچھا: ابو جان! کیا اللہ تعالیٰ نے پوری دنیا میں ہر طرف اپنے رسول بھیجے ہیں؟ اور بار بار اتنے نبی اور رسول کیوں بھیجے ہیں؟ کیا صرف ایک رسول ہی بھیج دینا کافی نہیں تھا؟

ابو جان نے جواب دیا: اللہ تعالیٰ نے ہر قوم اور دنیا میں تمام انسانوں کی طرف رسول بھیجے ہیں۔ پرانے زمانے میں انسانوں نے ابھی ترقی نہیں کی تھی اور اُن کے پاس کاغذ اور قلم بھی نہیں تھے کہ وہ اللہ کی دی ہوئی ہدایت کو لکھ کر اپنے پاس رکھ لیتے اور اُس پر عمل کرتے۔ یہی وجہ ہے کہ جب ایک رسول دنیا سے چلے جاتے تو لوگ پھر سب بھول جاتے تھے یا کئی لوگ اپنے خیالات کو اللہ کی طرف سے ملنے والی ہدایت میں ملا دیتے تھے۔ اس طرح لوگوں میں اختلاف پیدا ہو جاتا تھا۔ اس لیے نئے رسول کی ضرورت پیش آتی تھی تاکہ لوگوں میں اختلاف کو ختم کیا جا سکے اور اللہ کا پیغام اُن پر واضح ہو سکے۔ اُس دور میں اسی لیے بار بار رسول آتے تھے۔ پھر آمد و رفت کے ذریعے بھی نہیں تھے۔ دنیا کے تمام انسان ایک دوسرے کو نہیں جانتے تھے۔ اسی لیے ہر قوم اور ہر علاقے میں رسول آتے تھے اور ایک ہی اللہ کا پیغام دیتے تھے۔

حارثنے سوال کیا: کیا سب رسولوں اور نبیوں کا ایک ہی دین تھا؟ کیا وہ بھی مسلمان تھے؟

ابو جان نے جواب دیا: تمام رسولوں کا ایک ہی دین تھا اور وہ سب مسلمان تھے۔ ہم اُن سب پر ایمان رکھتے ہیں اور اُن کی بہت زیادہ عزت کرتے ہیں۔ جب بھی کسی نبی کا نام لیتے ہیں تو علیہ السلام کہتے ہیں یعنی اُن پر اللہ کی سلامتی ہو۔

حارث نے پوچھا: کیا اب بھی کوئی اور نبی یا رسول آ سکتا ہے؟

ابو جان نے کہا: نہیں بیٹا! اب کوئی اور نبی یا رسول نہیں آئے گا۔ ہمارے پیارے رسول حضرت محمد صلی اللہ علیہ وسلم اللہ تعالٰی کے آخری رسول اور نبی ہیں۔

حارث نے کہا: اگر ہر دور میں رسول آتے رہے ہیں تو اب کوئی نبی یا رسول کیوں نہیں آئے گا؟ اب اس کی ضرورت کیوں نہیں؟

ابو جان نے بتایا کہ اللہ تعالٰی کے نبی اور رسول اُس وقت تک آتے رہے جب تک انسانوں کو اس کی ضرورت تھی۔ ہمارے رسول پاک صلی اللہ علیہ وسلم جس دور میں آئے تھے تب تک انسان نے بہت ترقی کر لی تھی۔ اب وہ لکھنے اور پڑھنے کے لیے کاغذ اور قلم استعمال کرنے لگے تھے۔ وہ بڑی بستیوں اور شہروں میں رہتے تھے اور دنیا میں پھیلے ہوئے انسانوں کا آپس میں رابطہ ہو چکا تھا۔ انسان نے بہت سے دوسرے علم بھی سیکھ لیے تھے۔ اب انسان اُس بچے کی طرح تھا جو جوان ہو گیا تھا۔ اِس لیے اب اُسے آخری رہنمائی چاہیے تھی تا کہ وہ اُس کے مطابق زندگی بسر کرے۔ وہ رہنمائی قرآن کی صورت میں آج بھی ہمارے پاس موجود ہے۔ اللہ نے قرآن حکیم میں واضع طور پر اعلان کر دیا ہے کہ انسانوں کی رہنمائی کے لیے جو کچھ بھی کہنا تھا وہ قرآن مجید میں کہہ دیا ہے اور اب مزید کچھ کہنے کی ضرورت نہیں۔ اس لیے کسی نبی یا رسول کے آنے کی بھی ضرورت ختم ہو گئی۔ اب کسی اور رہنمائی کی یا نبی کی ضرورت ہی نہیں رہی کیونکہ ہمارے پاس قرآن مجید موجود ہے۔ میں یہ تمہیں ایک مثال سے سمجھاتا ہوں۔ جب تم چھوٹے تھے تو ہم تمہیں پرام میں ڈال کر اور کبھی اُٹھا کر باہر لے کر جاتے تھے۔ پھر جب تم تھوڑے اور بڑے ہوئے تو تم میری انگلی پکڑ کر چلنے لگے۔ لیکن اب تم باہر خود اکیلے چلے جاتے ہو اور تمہیں

میری انگلی پکڑنے کی ضرورت ہی نہیں ہوتی۔ کیا خیال ہے، اگر تمہیں میں اُٹھا کر یا انگلی پکڑ کر تمہارے سکول لے جاؤں تو کیسا رہے گا؟

حارث بولا: نہیں اُبو۔ سب دیکھ کر ہنسیں گے۔ اب مجھے یہ سمجھ آگئی ہے کہ اب کسی اور نبی یا رسول کی ضرورت کیوں نہیں۔ اُبو یہ بتایئے کہ کل کتنے نبی اللہ تعالیٰ نے بھیجے ہیں اور کیا قرآنِ پاک میں سب کے نام ہیں؟

ابو جان نے بتایا کہ کہا جاتا ہے کہ اللہ تعالیٰ نے ایک لاکھ اور چوبیس ہزار نبی بھیجے ہیں۔ قرآنِ پاک میں سب پیغمبروں کے نام نہیں ہیں۔ کچھ کے نام قرآن میں ہیں جیسے حضرت آدمؑ، حضرت نوحؑ، حضرت صالحؑ، حضرت ہودؑ، حضرت لوطؑ، حضرت ابراہیمؑ، حضرت یعقوبؑ، حضرت یوسفؑ، حضرت داؤدؑ، حضرت موسیٰؑ، حضرت عیسیٰؑ اور ہمارے نبی حضرت محمد ﷺ۔ حضرت موسیٰؑ کو جو اللہ نے کتاب دی اُس کا نام توریت تھا۔ حضرت داؤدؑ کو زبور، حضرت عیسیٰؑ کو انجیل اور ہمارے پیارے نبی ﷺ کو قرآن مجید ملا۔

ہمارے رسولؑ بچوں سے بہت پیار کرتے تھے۔ اگلی دفعہ میں تمہیں ہمارے پیارے رسول ﷺ کے بارے میں تفصیل سے بتاؤں گا۔

٦۔ ہمارے پیارے رسول ﷺ

شایان نے سکول سے گھر آ کر پہلے اپنا ہوم ورک کیا اور پھر ٹیلی ویژن پر بچوں کا پروگرام دیکھنے لگا۔ اتنی دیر میں اُس کی امی نے کھانا تیار کر لیا۔ کھانا کھا کر شایان نے اپنے ابو سے کہا کہ ابو جان، مجھے آپ سے کچھ پوچھنا ہے۔ اُس کے اُبو نے جواب دیا کہ بیٹا آپ کیا پوچھنا چاہتے ہیں؟ شایان نے کہا کہ میں آپ سے رسول پاکؐ کے بارے میں جاننا چاہتا ہوں۔ ابو جان نے کہا اچھا، آؤ میرے پاس بیٹھو، میں تمہیں بتاتا ہوں۔ بیٹا، ہمارے پیارے نبی کا نام ہے محمد ﷺ۔ جب بھی ہم اُن کا نام لیتے ہیں تو ہمیشہ بہت ادب سے لیتے ہیں اور ہم اُن سے بہت محبت کرتے ہیں۔ اُن کا ہر حکم مانتے ہیں اور اُن کی عزت سب سے زیادہ کرتے ہیں۔ اپنے امی، ابو اور دوسرے سب لوگوں سے زیادہ اُن کا احترام کرتے ہیں۔ اِس لیے اُن کا نام دوسرے لوگوں کی طرح نہیں لیتے اور نہ ہی لکھتے ہیں۔ جب بھی اُن کا نام لیتے ہیں تو پہلے حضرت محمد لکھتے اور کہتے ہیں، اور اس کے ساتھ ہی ﷺ کہتے اور لکھتے ہیں۔ اکثر ہم ان کا پورا نام لینے کی بجائے انہیں رسول پاکِ ﷺ یا حضور پاک ﷺ کہتے ہیں اور کبھی آپ ﷺ بھی کہتے ہیں۔ دوسرے رسولوں اور نیک لوگوں کو بھی ہم بہت عزت سے بلاتے ہیں اور اُن کے نام سے بھی پہلے حضرت لکھتے اور بولتے ہیں۔

ہمارے پیارے رسولؐ عرب کے شہر مکہ میں ٢٢ اپریل ٥٧١ء کو پیدا ہوئے۔ اُس دن پیر یعنی سوموار کا دن تھا اور اسلامی کیلنڈر کے مطابق ١٢ ربیع الاوّل کی تاریخ تھی۔ خانہ کعبہ جس کی طرف منہ کر کے ہم مسلمان نماز پڑھتے ہیں وہ بھی شہر مکہ میں ہے۔ حضور پاکؐ کے والد کا نام حضرت عبداللہ اور والدہ کا نام حضرت آمنہ تھا۔ حضور پاک کی والدہ نے آپ کا نام احمدؐ رکھا جبکہ حضور پاک کے دادا حضرت عبدالمطلب نے آپ کا نام محمدؐ رکھا۔ حضور پاکؐ کے والد اُن کے پیدا ہونے سے دو مہینے پہلے فوت ہو چکے تھے اور جب حضور پاکؐ کچھ سال کے ہوئے تو اُن کی والدہ بھی فوت ہو گئیں۔ دو سال کے بعد اُن کے دادا حضرت عبدالمطلب بھی فوت ہو گئے۔ پھر حضور پاکؐ کے چچا حضرت ابو طالب نے آپ کی پرورش بہت پیار سے کی۔

شایان نے پوچھا: حضور ﷺ کا بچپن کیسا تھا؟ آپ کیا کرتے تھے؟

ابو جان نے جواب دیا: حضور پاکؐ کا بچپن بہت اچھا تھا اور آپ کی عادتیں بہت اچھی تھیں۔ آپؐ بہت صاف ستھرے رہتے تھے۔ کسی کو تنگ نہیں کرتے تھے۔ جو بھی آپؐ کو کوئی کام کہتا آپ اُس کا کام کر دیتے تھے۔ کسی کے ساتھ لڑائی جھگڑا نہیں کرتے تھے۔ حضور پاکؐ نے کبھی کسی کو گالی نہیں دی۔ اُس زمانے میں عرب میں یہ رواج تھا کہ سب بچپن میں بکریاں پالتے اور چراتے تھے۔ اِسی لیے آپؐ نے بھی یہ کام کیا۔ پھر جب بڑے ہوئے تو حضور پاک تجارت کرنے لگے۔ تجارت ہوتی ہے، ایک جگہ سے چیزیں لیکر دوسری جگہ جاکر فروخت کرنا۔ آپؐ یہ کام بڑی ایمانداری سے کرتے تھے اور سب حضور پاکؐ کی تعریف کرتے تھے۔ جب آپؐ کی عمر پچیس سال کی ہوئی تو آپ کی شادی حضرت خدیجہؓ سے ہوگئی۔ مکہ شہر میں آپؐ کی بہت عزت تھی۔ آپ نے پوری زندگی نہ کبھی جھوٹ بولا اور ہمیشہ وعدہ پورا کیا۔ اِسی لیے سب لوگ آپ کو صادق یعنی سچا اور امین یعنی امانت پوری کرنے والا کہتے تھے۔

شایان نے پوچھا: کیا حضور پاک بچوں سے پیار کرتے تھے؟

ابو جان نے بتایا کہ ہمارے نبی ﷺ بچوں سے بہت پیار کرتے تھے۔ بچوں کے پاس سے گزرتے تو انہیں سلام کرتے۔ کبھی بچوں کو گود میں اُٹھا لیتے اور اُن کا منہ چومتے۔ وہ بچوں کو اپنے ساتھ سواری پر بیٹھا لیتے۔ بچوں کو ڈانٹتے بھی نہیں تھے اور بچے بھی اُن سے پیار کرتے تھے۔

شایان نے پوچھا کہ حضور پاک ﷺ نے اُن لوگوں کو کب بتایا کہ آپ اللہ کے رسول ہیں؟

ابو جانے نے بتایا کہ مکہ کے قریب ایک پہاڑ میں ایک غارے ہے جسے غارِ حرا کہتے ہیں۔ جب آپؐ کی عمر چالیس برس کی ہوگئی تو آپؐ ایک دِن اس غار میں بیٹھے تھے کہ اللہ نے اپنے ایک فرشتے کو آپؐ کے پاس بھیجا۔ اُس فرشتے کا نام جبرائیل تھا۔ فرشتے نے آپ کے پاس آکر آپ کو اللہ کا پیغام دیا اور کہا کہ اب آپ دوسروں کو بھی یہی پیغام دیں۔ اللہ کا جو پیغام آپ کی طرف آیا اُسے وحی کہتے ہیں۔ اللہ کی طرف سے جو بھی وحی آتی تھی آپ اُسے

لکھواتے جاتے تھے اور وہ قرآن مجید کی صورت میں آج بھی ہمارے پاس موجود ہے۔ آپ گھر آئے تو آپ نے سب سے پہلے اپنی بیوی حضرت خدیجہؓ کو اللہ کا یہ پیغام دیا تو انہوں نے کہا کہ آپ سچ کہہ رہے ہیں اور وہ آپ صلی اللہ علیہ وسلم پر ایمان لے آئیں اور مسلمان ہو گئیں۔ پھر آپ نے دوسرے لوگوں کو یہ بتانا شروع کیا تو مردوں میں سے حضرت ابو بکر صدیقؓ اور بچوں میں سے حضرت علیؓ سب سے پہلے آپ پر ایمان لے آئے اور وہ بھی مسلمان ہو گئے۔

شایان نے پوچھا کہ مکہ کے کتنے لوگ اور مسلمان ہوئے اور وہاں کے لوگوں کا آپؐ کے ساتھ کیسا رویہ تھا؟

ابو جان نے بتایا کہ مکہ کے بہت تھوڑے لوگ ایمان لائے اور زیادہ تر غریب لوگوں نے اسلام قبول کیا۔ اُن کو رسولِ پاک صلی اللہ علیہ وسلم کی باتیں بہت اچھی لگیں کیونکہ آپ کہتے تھے کہ سب کی ایک جیسی عزت ہے اور امیر غریب میں کوئی فرق نہیں۔ آپ غریبوں اور ضرورت مندوں کی مدد کرتے تھے۔ رسولِ پاک لوگوں کو یہ بھی کہتے تھے کہ جھوٹ نہ بولو اور ہمیشہ نیک کام کرو۔ چھوٹوں سے پیار کرو۔ بڑوں کی عزت کرو۔ علم حاصل کرو۔ سب مسلمان آپس میں بھائی بھائی ہیں۔ مکہ کے زیادہ تر لوگ مسلمان نہیں ہوئے بلکہ اُس شہر کے بہت سے لوگ حضورِ پاک کے سخت دشمن بن گئے اور وہ انہیں بہت تنگ کرتے تھے۔

شایان نے پوچھا کہ مکہ کے زیادہ تر لوگ آپؐ کے کیوں مخالف بن گئے؟

ابو جان نے جواب میں کہا کہ مکہ کے زیادہ تر لوگ رسولِ پاکؐ کے اِس وجہ سے مخالف بن گئے کیونکہ حضورِ پاکؐ انہیں بُرے کاموں اور بتوں کی عبادت کرنے سے منع کرتے تھے۔ مکہ کے امیر لوگ اِس لیے بھی آپؐ کے خلاف ہو گئے کیونکہ آپ انہیں غریبوں پر ظلم کرنے سے روکتے تھے اور کہتے تھے غریب ہو یا امیر، کالے ہوں یا گورے، سب انسان ہیں اور سب برابر ہیں۔ عورتوں کے ساتھ زیادتی نہ کرو اور غلاموں کو وہی کھانا اور کپڑے دو جو اپنے لیے استعمال کرتے ہو۔ مکہ کے جب امیر لوگوں نے یہ سُنا تو انہوں نے یہ سمجھا کہ اِس طرح تو اُن کی

اہمیت اور طاقت ختم ہو جائے گی اِس لیے وہ رسولِ پاک صَلَّی اللہُ عَلَیْہِ وَسَلَّم کے دشمن بن گئے اور آپ کو جان سے مارنے کے منصوبے بنانے لگے۔

پھر رسولِ پاک صَلَّی اللہُ عَلَیْہِ وَسَلَّم اللہ تعالیٰ کے حکم سے شہر مکہ سے ۱۲ ستمبر ۶۲۱ء کو ایک اور شہر مدینہ چلے گئے۔ آپ کے اس سفر کو ہم مسلمان ہجرت کہتے ہیں۔ اسلامی سال کا آغاز اُسی وقت سے ہوا۔ اسی لیے اسلامی سال کو سن ہجری کہتے ہیں۔ ہجرت کے سفر میں آپ کے ساتھ حضرت ابو بکر صدیق رضی بھی تھے۔

شایانے نے پوچھا کہ مدینہ کے لوگوں کا آپ صَلَّی اللہُ عَلَیْہِ وَسَلَّم کے ساتھ کیا رویہ تھا؟ کیا وہ مسلمان ہو گئے تھے؟

ابو جان نے بتایا کہ مدینہ شہر میں لوگ حضور صَلَّی اللہُ عَلَیْہِ وَسَلَّم کے آنے سے بہت خوش ہوئے اور بہت سے لوگ مسلمان ہو گئے اور دس سال کے اندر مسلمان اتنے زیادہ ہو گئے کہ مکہ شہر بھی مسلمانوں کو مل گیا اور وہ سب بھی مسلمان ہو گئے۔ ۸ جون ۶۳۲ء پیر کے دِن رسولِ پاک اس دنیا سے اللہ کے پاس چلے گئے۔ رسولِ پاک کا روضہ مبارک سعودی عرب کے شہر مدینہ منورہ میں ہے۔ آپ صَلَّی اللہُ عَلَیْہِ وَسَلَّم پر بہت درود اور سلام ہو۔

۷۔ صرف اسلام ہی سچا دین کیوں ہے؟

رخسار اور زیمل دونوں بہت اچھی سہیلیاں ہیں۔ وہ بچپن سے گہری دوست ہیں۔ جب انہیں چھٹیاں ہوتی ہیں تو وہ ایک دوسرے کے گھر آتی جاتی ہیں۔ وہ دونوں قرآن مجید بھی پڑھتی ہیں اور اپنے امی ابو سے اسلام کے بارے میں سوال بھی کرتی ہیں۔ ایک دِن جب زیمل اور رخسار آپس میں بیٹھی باتیں کر رہی تھیں تو رخسار کے ابو بھی وہاں آ گئے۔ رخسار نے کہا: ابو آپ سے ایک سوال پوچھنا ہے۔ ابو نے کہا: کیا پوچھنا چاہتی ہیں؟ رخسار نے کہا: ابو جان، دنیا کے ہر مذہب کے ماننے والے یہ کہتے ہیں کہ اُن کا مذہب ہی درست اور سچا ہے۔ تو پھر یہ کیسے معلوم ہو گا کہ کون سا مذہب صحیح ہے؟ سب مذہب کہتے ہیں کہ جھوٹ نہ بولو، چوری نہ کرو۔ کسی پر ظلم نہ کرو وغیرہ وغیرہ۔ اسلام بھی یہی کہتا ہے تو پھر ہم یہ کیسے کہہ سکتے ہیں کہ صرف اسلام ہی سچا مذہب ہے۔ جن لوگوں کا کوئی مذہب نہیں ہوتا وہ بھی یہی کہتے ہیں کہ جھوٹ بولنا بُری بات ہے، کسی کے ساتھ زیادتی نہیں کرنی چاہیے وغیرہ وغیرہ۔ تو سوال یہ ہے کہ پھر مذہب کی ضرورت ہی کیا ہے؟ کیا اس کے بغیر گذارا نہیں ہو سکتا؟

ابو نے کہا کہ تم نے تو بہت اچھا سوال کیا ہے۔ بلکہ یہ کئی سوال ہیں اس لئے مجھے اِن کے جواب بھی تفصیل سے دینے ہوں گے۔ زیمل نے کہا: ضرور بتایئے انکل۔ مجھے بھی سننا ہے۔ رخسار کے ابو نے کہا: اچھا میں آپ کو تفصیل سے بتاتا ہوں۔

سب سے پہلے یہ کہ آخر انسان کو مذہب کی ضرورت ہی کیا ہے۔ تو بات یہ ہے کہ تنہا انسان کی عقل زندگی کے تمام مسئلوں کا حل نہیں بتا سکتی بلکہ اِسے رہنمائی کی ضرورت ہوتی ہے۔ یہ رہنمائی اللہ تعالیٰ اپنے رسولوں کے ذریعے دیتے ہیں، جس کو وحی کہتے ہیں۔ جس طرح آنکھ کو دیکھنے کے لیے روشنی کی ضرورت ہوتی ہے اِسی طرح انسانوں کو بھی زندگی گزارنے کے لیے اپنی عقل کے ساتھ اللہ کی رہنمائی یعنی وحی کی ضرورت ہوتی ہے۔ جو کام انسان کی عقل صدیوں میں کرتی ہے وہ وحی پہلے دِن ہی بتا دیتی ہے۔ زندگی گذارنے کے لیے دین بہت ضروری ہے مگر وہ دین جو اللہ نے بتایا ہو۔ انسانوں کے اپنے بنائے ہوئے مذہب میں کبھی انسان بتوں کو پوجتا ہے

تو کبھی کسی اور چیز کو مگر اللہ کے بتائے ہوئے راستے سے انسان کو اِن سب کی غلامی سے نجات مل جاتی ہے۔ اسلام انسان کو عزت اور مرتبہ دیتا ہے اور بتاتا ہے کہ انسان پوری کائنات میں سب سے بلند مقام پر ہے۔ یہ تصور دنیا کے کسی اور مذہب میں نہیں ہے۔ وہ خدا کا صحیح تصور دیتا ہے اور انسان کا خدا سے تعلق بتاتا ہے۔ پھر انسان کا کائنات سے اور دوسرے انسانوں سے تعلق بتاتا ہے۔ اگر اسلام کی یہ تعلیم نہ ہو تو انسان کائنات کی چیزوں، بلکہ انسان دوسرے انسانوں کا غلام بن جائے۔ اس لیے زندگی گذارنے کے لئے مذہب کی ضرورت ہوتی ہے۔ مذہب کا مطلب صرف کچھ اخلاقی تعلیمات نہیں ہوتا۔ اخلاق کی تعلیم تو ہر مذہب میں ہوسکتی ہے جیسا کہ تم نے کہا ہے۔ مگر زندگی گذارنے کے لیے ایک مکمل رہنمائی کی ضرورت ہوتی ہے جو صرف اسلام سے ہی مل سکتی ہے۔ یہی وجہ ہے کہ باقی سب مذہب ہیں لیکن اسلام مذہب نہیں بلکہ یہ ایک ”دین“ ہے، یعنی ایک مکمل ضابطۂ حیات!

اب زیمل نے پوچھا کہ مذہب اور دین میں کیا فرق ہوتا ہے؟

مذہب اور دین میں بہت فرق ہوتا ہے۔ چونکہ ہم روزمرہ کی زبان میں مذہب کا لفظ ہی استعمال کرتے ہیں اِس لیے میں نے بھی مذہب کا نام لیا ہے۔ مذہب میں صرف رسمی عبادتیں وغیرہ ہوتی ہے اور اس کا تعلق ہر ایک کی ذات سے ہوتا ہے۔ ہر شخص اپنے طور پر مطمئن ہوتا ہے کہ اُس کا خدا سے تعلق ہو گیا ہے۔ مذہب میں نہ تو اجتماعی زندگی ہوتی ہے اور نہ اُس کا زور اِس دنیا پر ہوتا ہے بلکہ ساری کوشش صرف مرنے کے بعد کی زندگی کے لیے ہوتی ہے لیکن ”دین“ کہتے ہیں زندگی گذارنے کے طریقے کو جس میں سب کچھ شامل ہوتا ہے یعنی اس دنیا کی زندگی بھی اور آخرت بھی۔ دین یہ بتاتا ہے کہ سب لوگ کس طرح مل کر رہیں اور صرف ایک خدا کا حکم مانیں اِس میں انسانوں کے حکم اور سوچ کا دخل نہیں ہوتا یہ زندگی گذارنے کا ایک نظام ہوتا ہے اور یہ اللہ کی طرف سے رسولوں کے ذریعے ملتا ہے۔ دین یہ بتاتا ہے کہ سب انسان برابر اور ایک جیسے قابلِ عزت ہیں۔ اب صرف اسلام ہی دین کی حیثیت سے موجود ہے۔ یہ تو آپ لوگوں کو معلوم ہے کہ اللہ تعالیٰ کی طرف سے مختلف

زمانوں میں انسانوں کی رہنمائی کے لیے رسول آتے رہے لیکن اُن کا پیغام باقی نہ رہتا تھا۔ لوگ اُس میں تبدیلیاں کر دیتے تھے یا کسی اور وجہ سے وہ اصل صورت میں باقی نہ رہتا تھا۔

رخسار نے کہا: جی ابو۔ ہمیں یہ معلوم ہے کیونکہ انسان اُس وقت اتنا ترقی یافتہ نہیں تھا اور پڑھنے لکھنے میں بھی زیادہ ترقی نہیں ہوئی تھی۔

ابو جان نے کہا: بالکل۔ پھر ہمارے رسول حضرت محمد صَلَّی اللہُ عَلَیہِ وَسَلَّم جب دنیا میں آئے تو اللہ نے انہیں قرآن مجید دیا۔ وہی قرآن آج ہمارے پاس موجود ہے۔ اسلام کے سوا دنیا کا کوئی اور مذہب ایسا نہیں جو یہ یقین سے کہہ سکے کہ اُن کے پاس جو کتاب ہے یہ وہی ہے جو اُن کے پیغمبر کو ملی تھی۔ بلکہ وہ اصل کتابیں ختم ہو چکی ہیں۔ لیکن آج بھی جو قرآن ہمارے پاس ہے یہ وہی ہے جو ہمارے رسولِ پاک صَلَّی اللہُ عَلَیہِ وَسَلَّم کو ملا تھا کیونکہ اسے قیامت تک محفوظ رکھنے کا ذمہ خود خدا نے لیا ہے۔ پوری دنیا میں جہاں بھی جائیں ہر جگہ ایک جیسا ہی قرآن ملے گا اور یہ بالکل اسی طرح کا ہے جیسا کہ رسولِ پاک صَلَّی اللہُ عَلَیہِ وَسَلَّم کے زمانے میں تھا۔ اور قرآن مجید میں اِس کائنات کے بارے میں جو کچھ بھی کہا گیا ہے وہ اُس دور میں پوری دنیا میں کسی کو بھی علم نہ تھا۔ آج تک کوئی اِس جیسی کتاب نہیں لکھ سکا۔ اِن سب باتوں سے یہ ثابت ہوتا ہے کہ یہ واقعی ہی اللہ کی کتاب ہے اور یہ سچی کتاب ہے۔ یہ اللہ کا آخری پیغام ہے اور اِس میں زندگی گذارنے کے لیے بنیادی رہنما اصول اور سچائیاں سب موجود ہیں۔ اب سچا اور اصل دین اسلام ہی ہے۔ دوسرے مذاہب میں بھی کچھ اچھی باتیں ہو سکتی ہیں مگر وہ انسان کی پوری رہنمائی نہیں کر سکتے کیونکہ وہ مذہب ہیں، دین نہیں۔ اسی طرح جن لوگوں کا کوئی مذہب نہیں ہوتا اُن کے پاس زندگی گذارنے کا کوئی مکمل نظام نہیں ہوتا۔ کوئی بھی مذہب نہ ہونے کا مطلب یہ ہے کہ اللہ کا ہی انکار کر دیا جائے۔ یہ ساری دنیا خود بخود تو پیدا نہیں ہوگئی اور نہ ہی کسی اور نے اِسے پیدا کیا ہے، بلکہ صرف اللہ نے ہی یہ سب کچھ بنایا ہے۔ دنیا کے تمام انسان مل کر بھی آنکھ سے نظر نہ آنے والا ایک خلیہ تک نہیں بنا سکتے اور نہ کوئی چیز خود بخود بن سکتی ہے۔ سائنسدان بھی اللہ کی بنائی ہوئی چیزوں پر تحقیق کرتے ہیں اور وہ اپنے پاس سے کوئی چیز نہیں بناتے۔ وہ جو بھی بناتے ہیں اُس کے لیے مواد تو وہ خدا کی پیدا کردہ چیزوں سے لیتے ہیں جو ہر ایک چیز کا خالق ہے۔

لہٰذا اللہ پر ایمان لانا ضروری ہے اور ایمان ایسے لانا ہو گا جس طرح قرآن نے کہا ہے۔ اِس لئے ہمیں قرآنِ مجید کے بتائے ہوئے اصولوں پر چلنا چاہیے۔ اور ہمیں اُس طرح سے زندگی گذارنی چاہیے جس کا حکم اللہ نے دیا ہے اور وہ سب قرآن میں موجود ہیں۔ ہم مسلمان دینِ اسلام پر چل کر بہت اچھی زندگی گذار سکتے ہیں۔

زمیل نے وچھا کہ جو لوگ مسلمان نہیں، ہمیں اُن کے ساتھ کس طرح پیش آنا چاہیے؟

ہمیں دوسروں کے مذاہب کا بھی احترام کرنا چاہیے۔ دنیا کے دوسرے مذاہب اور اُن کے بڑے لوگوں کا نام احترام سے لینا چاہیے۔ اللہ تعالیٰ نے تو قرآن میں یہ حکم دیا ہے کہ بتوں کو بھی گالی نہ دو۔ اسلام اپنی اچھائی دوسروں کو بُرا کہہ کر ثابت نہیں کرتا۔ جو اسلام کو نہیں مانتا ہمیں اُس سے جھگڑا کرنے کی ضرورت نہیں۔ ہمیں اچھے اخلاق سے پیش آنا چاہیے۔ اللہ تعالیٰ نے قرآن مجید میں ہمیں ہدایت دی ہے کہ اگر کوئی اسلام کے خلاف بہت ہی غلط بات کر رہا ہو تو وہاں سے اُٹھ کر دوسری جگہ چلے جانا چاہیے اور جب وہ غلط باتیں کرنا چھوڑ دے تو پھر واپس آ جانا چاہیے۔ آپ نے دیکھا ہو گا کہ کبھی اقوامِ متحدہ کا اجلاس ہو رہا ہوتا ہے تو کئی دفعہ جب کوئی ملک کے خلاف بات کرتا ہے تو اُس ملک کا سفیر وہاں سے اُٹھ کر چلا جاتا ہے جسے واک آؤٹ کہتے ہیں۔ یہ طریقہ اسلام نے بہت پہلے ہمیں سمجھایا تھا۔ ہمیں چاہیے کہ ہم اسلام کے ان اصولوں پر عمل کریں۔ پھر ہی ہم اچھے مسلمان اور اچھے انسان بن سکتے ہیں۔

۸۔ ہماری دعائیں کیوں قبول نہیں ہوتیں؟

ہم نے بہت زیادہ دعائیں مانگیں تھیں کہ پاکستان میچ جیت جائے مگر پاکستان ہار گیا۔ آخر اللہ نے ہماری دعائیں کیوں قبول نہیں کیں؟ حاشر نے اپنے ابو سے یہ سوال کیا۔

میں نے بھی پاکستان کے جیتنے کی دعا کی تھی لیکن اللہ تعالیٰ نے قبول ہی نہیں کی۔ چھوٹے صالح محمد نے بھی اپنے ابو سے ایسا کہا۔ اُن کے ابو نے کہا: آؤ میں آپ کو سمجھاتا ہوں کہ دعا کا کیا مطلب ہوتا ہے اور اس کے قبول ہونے کے کیا معنی ہیں۔ اُن کے پاس ہی کھڑے حسین اور لائبہ بھی آرام سے بیٹھ گئے اور سننے لگے۔

حاشر کے ابو نے کہا کہ دعا کا مطلب مانگنا نہیں ہوتا بلکہ اس کا مطلب پکارنا ہوتا ہے، یعنی جب کسی کو راہنمائی کی ضرورت ہوتی ہے تو اُس وقت اللہ سے راہنمائی لینا۔ جب ہم اللہ سے دعا کرتے ہیں تو اس کا مطلب یہ ہوتا ہے کہ ہم اللہ سے راہنمائی اور مدد طلب کر رہے ہیں۔ اللہ تعالیٰ ہماری راہنمائی قرآنِ پاک کے ذریعہ کرتا ہے اور دعا قبول ہونے کا مطلب یہ ہوتا ہے کہ ہم اللہ کے بنائے ہوئے قوانین کے مطابق عمل کرتے ہوئے کامیابی حاصل کریں۔ کسی دوسرے کے لیے دعا کرنے کا مطلب ہوتا ہے کہ ہم اپنی نیک تمنا اور اچھی خواہش کا اظہار کر رہے ہوتے ہیں۔

حاشر نے پوچھا کہ اللہ تعالیٰ تو کہتا ہے کہ مجھ سے جو بھی مانگو گے میں وہ تمہیں دوں گا۔ ہر دعا قبول کروں گا۔ پھر بھی ہماری دعائیں قبول کیوں نہیں ہوتیں؟

اللہ تعالیٰ نے اس دنیا کے لیے قوانین بنائے ہیں اور سب کچھ انہی قوانین کے مطابق ہوتا ہے۔ اسے اللہ کی سنت بھی کہتے ہیں۔ اب جو دعا اُن قوانین کے مطابق ہو گی، وہ قبول ہو جائے گی، اور جو اُن کے مطابق نہیں ہو گی، وہ قبول نہیں ہو گی۔ مسلمان ہو یا غیر مسلم، جو کوئی بھی اُن اصولوں کے مطابق چلے گا، وہ کامیابی حاصل کرے گا۔ قرآنِ پاک میں صاف کہہ دیا ہے کہ انسان کو وہی کچھ ملے گا جس کی وہ کوشش کرے گا۔ یہ اصول تمام

انسانوں کے لیے ہے ، وہ جہاں مرضی رہتے ہوں اور خواہ اُن کا تعلق کسی بھی مذہب سے ہو۔ جو بھی خدا کے قوانین کے مطابق محنت کرتا ہے ، اُسے اُس کی محنت کا پھل مل جاتا ہے۔ اگر تم سکول باقاعدگی سے نہ جاؤ ، ہوم ورک ٹھیک طرح سے نہ کرو اور محنت نہ کرو تو امتحان میں پاس نہیں ہوسکتے ، بے شک جتنی مرضی دعائیں کرو۔ دعا محنت کے بعد ہی فائدہ دیتی ہے۔ ایک دفعہ ایک لڑکا دعا کر رہا تھا: اے اللہ ، لاہور کو پاکستان کا دارالحکومت بنا دے۔ اُس کی امی نے پوچھا کہ یہ دعا کیوں مانگ رہے ہو؟ پاکستان کا دارالحکومت تو اسلام آباد ہے۔ لڑکے نے جواب دیا کہ امتحان میں سوال آیا تھا کہ پاکستان کا دارالحکومت کون سا شہر ہے اور میں نے جواب میں لاہور لکھ دیا ہے۔ اس لیے دعا کر رہا ہوں تا کہ اللہ تعالیٰ میری دعا قبول کر لے۔ لڑکے کی امی نے کہا کہ تم نے غلط جواب لکھا ہے ، اب تم جتنی چاہے دعا کرو پاکستان کا دارالحکومت لاہور نہیں بنے گا۔ اسی طرح اگر ہم ایک گیند کو اوپر ہوا میں اچھالیں اور پوری دنیا کے مسلمان دعا کریں کہ گیند نیچے نہ آئے ، تو بھی گیند نیچے ہی آئے گا کیونکہ اللہ کے قانون کے تحت زمین اُسے اپنی طرف کھینچتی ہے ، اور آخر کار گیند نے نیچے ہی آنا ہے۔ لہذا یاد رکھو کہ ہر دعا قبول نہیں ہوتی بلکہ وہی دعا قبول ہوتی ہے جو خدا کے بنائے ہوئے اصولوں کے مطابق ہو۔ اب رہا تمہارا یہ سوال کہ پاکستان کی ٹیم کی جیت کے لیے مانگی ہوئی دعائیں کیوں قبول نہیں ہوئیں۔ بات یہ ہے کہ اگر پاکستان کی ٹیم اچھا کھیلتی تو وہ کامیاب ہو جاتی ، لیکن وہ اچھا نہیں کھیلی جبکہ مخالف ٹیم نے بہت اچھا کھیل پیش کیا۔ اس لیے وہ جیت گئی۔ کھیل میں کامیابی کے لیے اچھی تربیت ، مشق ، مہارت اور محنت کی ضرورت ہوتی ہے۔ جس ٹیم میں یہ سب ہو گا وہ کامیاب ہو گی اور جس میں یہ نہیں ہو گا وہ کامیاب نہیں ہو سکتی۔ صرف دعائیں انہیں کوئی فائدہ نہیں دے سکتیں اور یہی اصول زندگی کے تمام شعبوں میں لاگو ہوتا ہے۔

حاشر نے پوچھا: لیکن ابو ، پاکستان کی ٹیم کی کامیابی کے لیے تو خانہ کعبہ اور حضور پاک ﷺ کے روضہ پر بھی دعائیں کی گئیں تھیں اور وہاں کی جانے والی دعائیں تو ضرور قبول ہوتی ہیں۔ لوگوں نے نوافل اور آیت کریمہ پڑھ پڑھ کر دعائیں کی تھیں۔ وہ قبول کیوں نہیں ہوئیں؟

ابونے کہا کہ بیٹا، بات وہی ہے جو میں نے پہلے کہی ہے۔ جو دعا اللہ کے قانون اور اصول کے مطابق ہو گی وہ ہی قبول ہو گی۔ اس سے کوئی فرق نہیں پڑتا کہ دعا کہاں کی جا رہی ہے اور کون کر رہا ہے یا اُسے کیسے بھی کیا جائے۔ اللہ تعالیٰ نے جہاں یہ کہا ہے کہ مجھ سے مانگو، میں تمہیں دوں گا، وہاں یہ بھی کہا ہے کہ جتنی تم کوشش کرو گے تمہیں اتنا ہی ملے گا۔ اللہ کے پیارے رسول صَلَّی اللہُ عَلَیہِ وَسَلَّم بھی پہلے پوری کوشش کرتے تھے اور پھر دعا کرتے تھے۔ یہ نہیں ہوتا تھا کہ آپ مسجد میں بیٹھ کر صرف دعا کرتے رہتے تھے۔ کفار کے ساتھ جب مسلمانوں کی پہلی جنگ بدر کے مقام پر ہوئی تو آپؐ نے پوری تیاری کی اور مسلمانوں کو جنگ کے لیے ضروری ہدایات دیں۔ پھر اللہ سے دعا کی کہ اے اللہ ہم نے اپنی پوری کوشش کر دی ہے، اب تو ہمیں کفار پر فتح دے۔ اللہ تعالیٰ نے آپؐ کی یہ دعا قبول کی اور مسلمانوں نے کفار کو شکست دے دی۔

صالح نے پوچھا: اس کا مطلب یہ ہوا کہ رسول پاکؐ اور اللہ کے باقی رسولوں کو بھی دعا سے پہلے محنت کرنا پڑتی تھی؟

ابونے جواب دیا: جی بیٹا! اللہ کے رسولوں کو بھی دعا کرنے کے ساتھ ساتھ محنت کرنا ہوتی تھی۔ یہ نہیں کہ اللہ سے دعا کر دی اور وہ بس پوری ہو گئی اور خود کچھ نہ کیا۔ قرآنِ پاک میں اللہ کے رسول حضرت نوحؑ کا واقعہ بیان ہوا ہے۔ جب انہوں نے اللہ سے دعا کی کہ اے اللہ، ہمیں آنے والے طوفان سے بچا۔ تو اللہ نے جواب دیا کہ اے نوحؑ، ہم نے تمہاری دعا قبول کر لی ہے۔ اب تم طوفان سے بچنے کے لیے کشتی بناؤ۔ اسی طرح حضرت موسیٰؑ نے اللہ سے دعا کی کہ ہمیں فرعون سے نجات دے تو اللہ نے کہا کہ ہم نے تمہاری دعا قبول کر لی ہے، اب تم اپنے بھائی حضرت ہارونؑ کے ساتھ مل کر فرعون کا ڈٹ کر مقابلہ کرو تا کہ تمہیں کامیابی مل جائے۔ ہمارے پیارے رسول صَلَّی اللہُ عَلَیہِ وَسَلَّم کی پوری زندگی اسی طرح تھی۔ انہوں نے ہمیشہ سخت جدوجہد کی اور ساتھ ہی ساتھ اللہ سے کامیابی کی دعا بھی کرتے تھے۔ لہٰذا اپنی پوری کوشش کے ساتھ دعا کرنی چاہیے۔ عمل اور جدوجہد کے بغیر دعا قبول نہیں ہوتی۔

حسین نے پوچھا: اگر کامیابی محنت سے ہی ہونی ہے تو پھر دعا کا کیا فائدہ؟ دنیا میں بہت سے لوگ ایسے بھی ہیں جو دعا نہیں کرتے لیکن پھر بھی کامیاب ہو جاتے ہیں۔

بیٹا! جو بھی محنت کرے گا اللہ اس کی محنت کو ضائع نہیں کرتا اور ہر محنت کرنے والے کو اُس کا پھل مل جاتا ہے۔ لیکن محنت کے ساتھ دعا کرنے سے کام میں آسانیاں اور بہتری پیدا ہو جاتی ہے۔ راستے کی مشکلات کم ہو جاتی ہیں۔ انسان کو بہتر سوجھ بوجھ آ جاتی ہے۔ ہم مسلمان ہونے کی حیثیت سے جب دعا کرتے ہیں تو اُس وقت ہم اللہ سے رہنمائی طلب کرتے ہیں۔ ہم اللہ کے قانون کے مطابق اپنا کام کرنا چاہتے ہیں۔ اور دعا کرنے سے ہم میں کامیابی کا جذبہ پیدا ہو جاتا ہے۔ دعا کرنے سے اللہ ہماری رہنمائی کرتا ہے۔ دعا ہمیں زندگی کی مشکلات اور خطرات میں تحفظ فراہم کرتی ہے۔ قرآنِ مجید میں جتنی بھی دعائیں ہیں وہ اکیلے فرد کے لیے نہیں بلکہ وہ سب اجتماعی ہیں۔ لہذا اسب مل کر دعا کرتے ہیں۔ اس طرح آپس میں بھائی چارہ اور محبت بڑھتی ہے۔ جو مسلمان اس دنیا سے چلے گئے ہیں، ہم اللہ تعالیٰ سے اُن کی مغفرت کی دعا کرتے ہیں۔ اس لئے ہمیں دعا ضرور کرنی چاہیے لیکن ساتھ محنت اور عمل کرنا بھی لازمی ہے۔ پھر اگر کوئی دعا پوری نہ بھی ہو تو پریشان نہیں ہونا چاہیے بلکہ کوشش جاری رکھنی چاہیے اور اللہ تعالیٰ کوئی بہتر صورت پیدا کر دیتا ہے۔

حاشر نے کہا: ابو، آپ نے مجھے بہت اچھی طرح سے سمجھایا ہے۔ اب میں اور زیادہ محنت کروں گا اور ساتھ دعا کروں گا، تا کہ اپنی جماعت میں اول آوں۔ صالح اور حسین بھی بولے کہ ہم بھی ایسا ہی کریں گے اور اپنی اپنی جماعت میں اول آنے کے لیے محنت کریں گے اور پھر دعا بھی کریں گے۔

۹۔ کن باتوں سے اللہ نے منع کیا ہے؟

عشا اسکول سے گھر آئی اور اپنے امی اور ابو کو سلام کیے بغیر اپنے کمرے میں چلی گئی۔ اس کے پیچھے حجاب بھی گھر میں داخل ہوئی۔ امی نے حجاب سے پوچھا کہ آج عشا کو کیا ہوا ہے؟ وہ غصے میں دکھائی دے رہی تھی۔ اُس کا اسکول میں کسی سے جھگڑا تو نہیں ہوا؟ جی امی۔ عشا کا اسکول میں اپنی دوست کے ساتھ جھگڑا ہوا ہے۔ اس لیے وہ غصے میں ہے۔ امی اور ابو دونوں عشا کے کمرے میں گئے تو وہ اپنے بستر پر منہ سرہانہ میں چھپائے لیٹی ہوئی تھی۔ امی نے پوچھا کیا بات ہے؟ اُٹھو اور ہمیں بتاؤ۔

عشا نے جواب دیا کہ میں نے نہیں اُٹھنا، مجھے بہت غصہ ہے۔ مریم نے مجھے دھکا دیا تھا اور میرا نام بھی بگاڑا تھا۔ میں نے اُس سے بات بھی نہیں کرنی اور نہ ہی اُسے اپنی سالگرہ پر بلانا ہے۔ امی نے کہا کہ یہ تو بُری بات ہے۔ مریم کو ایسے نہیں کرنا چاہیے تھا۔ پر اُس نے ایسا کیوں کیا؟ وہ تو تمہاری سہیلی ہے۔ عشا کے بولنے سے پہلے ہی حجاب نے کہا کہ پہلے عشا نے اُس کے ساتھ کھیلنے سے انکار کیا تھا اور اُس کا منہ بھی چڑایا تھا۔ بعد میں مریم نے اسے دھکا دیا۔

کیوں عشا؟ تم نے ایسا کہا تھا؟ امی نے پوچھا۔ میں نے تو اُسے کہا تھا کہ ابھی تمہارے ساتھ نہیں کھیل سکتی۔ دوسری لڑکیاں تو اُس کی ناک کا بھی مذاق اڑاتیں ہیں اور اُسے کالی بھی کہتی ہیں۔ امی جان نے کہا کہ یہ تو بہت بُری بات ہے۔ اِس طرح کی باتیں کرنا بہت غلط ہے۔ اللہ تعالیٰ کو یہ سب سخت ناپسند ہے۔

چھوٹی حجاب نے پوچھا کہ کیا ایک دوسرے کا نام بگاڑنے سے اللہ تعالیٰ نے منع کیا ہے؟

جی بیٹا۔ اللہ تعالیٰ نے ایسے کاموں سے منع کیا ہے۔ آؤ تم دونوں میرے پاس بیٹھو۔ میں تمہیں بتاتا ہوں کہ اللہ تعالیٰ نے کن باتوں سے ہمیں منع کیا ہے اور ہمارے پیارے رسول ﷺ نے ہمیں کیا تعلیم دی ہے۔

عشا اور حجاب دونوں اپنے ابو کے پاس بیٹھ گئیں اور اُن کے ابو بتانے لگے کہ اللہ تعالیٰ نے دوسروں کو بُرے ناموں سے بلانے یا اُن کے نام بگاڑنے سے منع کیا ہے۔ اسی طرح دوسروں کے خلاف عیب لگانے سے بھی روکا ہے۔ اگر کسی کی بُری بات کا تمہیں پتہ چل بھی جائے تو اُسے ذلیل کرنے کے لیے دوسروں کو نہیں بتانا چاہیے۔ اگر تو کسی کے خلاف کچھ زیادتی ہوئی ہو تو وہ مناسب مقام پر اپنی بات کر سکتا ہے۔ اللہ تعالیٰ یہ بھی پسند نہیں کرتا کہ ہم ایک دوسرے کا مذاق اُڑائیں، ایک دوسرے کو ذلیل اور رسوا کریں۔ اسی طرح اگر کسی نے کوئی بات نہ کی ہو تو اپنی طرف سے بات بنا کر نہیں کہنی چاہیے کہ یہ اُس نے کہی ہے۔ اور کسی کے متعلق خواہ مخواہ یہ نہیں سوچنا چاہیے کہ وہ میرے خلاف ہے یا میرے بارے میں کوئی بُری بات سوچ رہا ہے۔ جب تک کہ یقینی طور پر پتہ نہ چل جائے اُس وقت تک کوئی رائے قائم نہیں کرنی چاہیے، یعنی کسی کے بارے میں بدگمانی کا شکار نہیں ہونا چاہیے۔

عشا اور حجاب کے ابو انہیں بتا رہے تھے اور وہ دونوں بہت غور سے سُن رہی تھیں۔

ابو نے بتایا کہ دوسروں سے سختی سے بات نہیں کرنی چاہیے اگر کوئی بات کسی سے منوانی بھی ہو تو اچھے طریقے سے کرنی چاہیے۔ اگر دوسرا کوئی دلیل سے بات کرے تو اُسے ٹھنڈے دل سے سننا چاہیے اور بہت عمدگی سے جواب دینا چاہیے۔ قرآن پاک میں اللہ نے کہا ہے کہ اپنے رب کے راستے کی طرف عقل مندی اور بہترین نصیحت کے طریقے سے دعوت دینی چاہیے اور لوگوں سے نہایت عمدہ طریقے سے بحث کرنی چاہیے۔ اس سلسلہ میں اہم بات یہ ہے کہ جب آپ کو علم ہو جائے کہ یہ بات غلط ہے تو اُس پر اَڑے نہیں رہنا چاہیے بلکہ درست بات مان لینی چاہیے اور خواہ مخواہ ضد پر نہیں اَڑنا چاہیے۔

عشا نے پوچھا: ابو! جب سخت غصہ آ جائے تو پھر کیا کرنا چاہیے؟

جب انسان کو غصہ آتا ہے تو وہ کچھ غلط کر بیٹھتا ہے جس پر اسے بعد میں خود ہی افسوس ہوتا ہے۔ اس لیے کبھی غصہ نہ آنے دو۔ لیکن جب کبھی غصہ آ بھی جائے تو اپنے غصے کو دوسری طرف ٹال دینا چاہیے۔ قرآنِ مجید میں

ہے کہ مومنین کی صفت یہ ہے کہ وہ غصے کو دوسری طرف ٹال دیتے ہیں اور لوگوں کو معاف کر دیتے ہیں۔ لیکن معاف کر دینے کے قابل وہ ہوتا ہے جو بے سمجھی سے کوئی غلط کام یا بُری بات کر دے اور پھر اُس کو اپنے کیئے پر افسوس ہو۔ ایسے شخص کو اللہ بھی معاف کر دیتا ہے لیکن جو کوئی جان بوجھ کر دوسروں کو تنگ کرے اور ستائے اور سمجھانے سے بھی باز نہ آئے تو اُس کو سزا ضرور دینی چاہیے، مگر سزا اُتنی ہی دینی ہو گی جتنا اس نے قصور کیا ہو، کیونکہ اللہ زیادتی کرنے والوں کو پسند نہیں کرتا۔ اس میں یہ بات یاد رکھنی ضروری ہے کہ جرم کی سزا صرف عدالت ہی دے سکتی ہے۔ کسی فرد کو یہ حق حاصل نہیں ہے کہ وہ خود ہی سزا دے۔ قانون کو کبھی بھی اپنے ہاتھ میں نہیں لینا چاہیے، بلکہ دوسروں کی اصلاح سے پہلے اپنے آپ کو ٹھیک کرنا چاہیے۔

حجاب کہنے لگی: ابو! مریم یہ بھی کہہ رہی تھی کہ تمہارا گھڑی والا بیگ گم ہو جائے تو اچھا ہے۔

ابو نے کہا کہ یہ تو بہت بُری بات ہے۔ اس طرح نہیں کہنا چاہیے۔ کسی کے پاس اگر کوئی اچھی چیز ہو یا اگر کسی میں کچھ خوبیاں ہوں تو دِل میں جلن نہیں ہونی چاہیے۔ اسے حسد کہتے ہیں۔ حسد کرنے کی بجائے محنت کرنی چاہیے اور خود اچھا بننے کی کوشش کرنی چاہیے۔ اسی طرح اگر کوئی پاس موجود نہ ہو تو اُس کے متعلق کوئی ایسی بات نہیں کہنی چاہیے جسے تم اُس کے سامنے نہ کہنا چاہو۔ اسے غیبت کہتے ہیں اور اللہ نے غیبت کے متعلق کہا ہے کہ اس کی مثال ایسی ہے جیسے کوئی اپنے مردہ بھائی کا گوشت کھائے۔ اس لئے جو بات آپ کسی کے سامنے نہیں کہہ سکتے اسے کسی کی غیر موجودگی میں بھی نہیں کہنا چاہیے۔ اللہ تعالیٰ نے اس بات سے بھی منع کیا ہے کہ دوسروں کے بھید اور عیب تلاش کیے جائیں۔ دوسروں کی ٹوہ میں نہیں رہنا چاہیے۔ مجھے امید ہے کہ تم اِن باتوں پر خود بھی عمل کرو گی اور اپنی دوستوں کو بھی یہ سب بتاؤ گی۔

۱۰۔ بول چال کے آداب

حاشر اور صالح دونوں خوشی خوشی گھر آئے، آج دونوں کے انداز ہی بدلے ہوئے تھے۔ وہ بہت جوش و خروش میں تھے اور آتے ہی اپنی امی کو بتانے لگے کہ ہمیں گرمیوں کی چھٹیاں ہو گئی ہیں۔ اب ہم خوب کھیلیں گے اور صبح سویرے اٹھنا بھی نہیں پڑے گا۔ اچھا بھئ۔ تم لوگ جیسے جی چاہے مزے کرو، مگر ساتھ پڑھنا بھی ہے۔ امی نے کہا۔

جی امی۔ ہم کھیلیں گے اور پڑھیں گے بھی، حاشر بولا۔ صالح اپنی امی سے لپٹ کر کہنے لگا: امی جان! چھٹیوں میں ماموں جان کے پاس آزاد کشمیر چلتے ہیں۔ وہاں تو موسم بھی بہت اچھا ہو گا۔ یہاں تو بہت سخت گرمی ہے اور آپ نے خود کہا تھا کہ گرمیوں کی چھٹیوں میں ماموں کے پاس آزاد کشمیر جائیں گے۔ اب حاشر بھی بولنے لگا: امی وہاں بہت مزا آئے گا۔ مجھے پہاڑ بہت پسند ہیں۔ اونچے اونچے درخت اور خوبصورت نظارے مجھے بہت اچھے لگتے ہیں۔ گرمیوں میں تو آبشاروں اور جھیلوں کے پاس پکنِک کرنے کا تو مزا ہی اور ہوتا ہے۔ ہم وہاں اپنے ماموں زاد بھائیوں اور اُن کے دوستوں کے ساتھ کھیلیں گے اور ساتھ مل کر ہوم ورک بھی کر لیں گے۔ اتنی دیر میں اُن کے ابو بھی کمرے میں داخل ہوئے اور پوچھنے لگے کہ بچے کیوں شور مچا رہے ہیں۔ بچے اپنے ماموں کے پاس آزاد کشمیر جانے کی ضد کر رہے ہیں۔ حاشر اور صالح کی امی نے جواب دیا۔ ابو پلیز جانے کا پروگرام بنائیں نا، دونوں زور زور سے کہنے لگے۔

اچھا آؤ آرام سے بات کرتے ہیں۔ ٹھیک ہے۔ میں اپنے دفتر سے ایک ہفتہ کی چھٹی لے لیتا ہوں اور ہم لوگ ہفتہ کے روز چلیں گے۔ یس! حاشر اور صالح دونوں خوشی سے چیخنے لگے۔ ابو، حسین کو بھی ساتھ لے جائیں گے۔ ہم تایا ابو سے پوچھ لیں گے، حاشر نے کہا۔ اور لائبہ کو بھی، وہ حدیقہ کے ساتھ کھیل کر بہت خوش ہو گی، صالح نے زور سے کہا۔ ہاں یہ اچھا ہے، اُن کے ابو نے کہا۔ اس پر حاشر اور صالح خوشی سے اور شور مچانے لگے۔ اور دونوں نے ایک ساتھ بولنا شروع کر دیا۔ اس پر اُن کے ابو نے کہا، بیٹا! اِس طرح بات نہیں کرتے، بلکہ آرام سے بات کرتے ہیں۔ تم دونوں یہاں میرے پاس بیٹھو، میں تمہیں بتاتا ہوں کہ کس طرح گفتگو کرنی چاہیے۔

بچو اللہ تعالیٰ نے قرآنِ پاک میں بول چال اور گفتگو کے آداب بھی بتائے ہیں۔ چونکہ یہ اللہ تعالیٰ نے کہے ہیں اِس لیے اِن پر عمل کرنا ہر مسلمان کا فرض ہے۔ بات کرتے وقت چیخ چیخ کر نہیں بولنا چاہیے اور اپنی آواز کو نیچا رکھنا چاہیے۔ قرآن مجید میں ہے کہ اپنی آواز کو نیچار کھو۔ اسی طرح ایک اور جگہ پر ہے کہ نہایت خوبصورت انداز سے، میانہ روی اور اعتدال کے ساتھ باتیں کرو، اور ایسی باتیں کرو جو اچھی ہوں۔ ہر ایک کو اپنی باری پر بولنا چاہیے۔ جب کوئی دوسرا بول رہا ہو تو اُس کی بات نہیں کاٹنی چاہیے بلکہ انتظار کرنا چاہیے۔ جب وہ اپنی بات مکمل کر لے تو پھر بولنا چاہیے۔ جو کوئی بھی آپ سے بات کر رہا ہو تو اُس کی بات نہایت توجہ سے سننی چاہیے۔ غلط بات نہیں کرنی چاہیے۔ کسی دوسرے کی بات کا مذاق نہیں اُڑانا چاہیے۔ اسی طرح اگر کسی کو بولنے میں کوئی مشکل ہو یا وہ صحیح طرح نہ بول سکے تو اُس پر نہ تو ہنسنا چاہیے اور نہ ہی اُس کی نقل اُتارنی چاہیے۔ یہ بہت بُری بات ہے۔ اللہ تعالیٰ نے قرآن حکیم میں یہ بھی فرمایا ہے کہ مکر و فریب، تصنع اور بناوٹ، چال بازی اور فریب کاری کی باتیں نہیں کرنی چاہیے۔ اِسی طرح ناانصافی کی بات کبھی نہ کرو۔ جب بھی بات کرو عدل اور انصاف کی بات کرو۔

ابو جان! عدل و انصاف کا کیا مطلب ہے؟ چھوٹے صالح نے پوچھا۔

عدل کا مطلب ہوتا ہے کسی چیز کا دونوں طرف برابر ہونا۔ کمی یا زیادتی کو چھوڑ کر درمیانی راہ اختیار کرنا اور توازن بر قرار رکھنا۔ تم نے اُونٹ یا گھوڑے پر بوجھ لدا دیکھا ہو گا۔ اگر اس کے دونوں طرف برابر بوجھ ہو

تو سامان بھی ٹھیک رہتا ہے اور جانور بھی آسانی سے چلتا ہے۔ اِسے عدل کہتے ہیں۔ یعنی ایسا بوجھ جس میں دونوں طرفیں بالکل ایک جیسی ہوں، نہ کسی طرف سے جھکا ہو نہ کسی طرف سے اُوپر اٹھا ہو۔ گفتگو میں عدل کا مطلب یہ ہے کہ جب بھی بات کرو سچی کرو اور کسی کے ساتھ نہ غلط بات منسوب کرو اور نہ ہی زیادتی کرو۔ یعنی ٹھیک ٹھیک بات کرنا۔ قرآنِ مجید میں ہے کہ سچ کو جھوٹ کے ساتھ خلط ملط مت کرو۔ نہ ہی حق کو چھپاؤ۔ سچ کو کبھی نہ چھپاؤ اور نہ ہی سچ کے ساتھ جھوٹ کو ملا کر بیان کرو کہ جھوٹ بھی سچ لگنے لگے۔ اللہ تعالیٰ نے قرآن شریف میں یہ بھی کہا کہ شائستہ اور مہذب گفتگو کرو۔ ابو جان! اِس کا کیا مطلب ہے؟ حاشر نے پوچھا۔

اِس کا مطلب یہ ہے کہ ایسی زبان بولو جو معاشرہ میں اچھے اور شریف لوگ بولتے ہوں۔ جو اچھی اور سلجھی گفتگو ہو۔ قرآن پاک میں یہ بھی ہے کہ ہمیشہ صاف، واضح اور سیدھی بات کرو۔ یعنی بات ہمیشہ ایسی کرو جو سیدھی اور صاف ہو۔ اُس میں کسی قسم کی اُلجھن نہ ہو کہ سمجھنے والے کو مشکل پیش آئے۔ اور نہ ہی ایسی بات کہو جو ذو معنی ہو، یعنی ایسی بات نہ کرو جس سے کئی مطلب نکالے جا سکیں۔ اِس وقت اُس کا مطلب کچھ اور نکالو اور دوسرے وقت میں کچھ اور مطلب نکالو۔ کچھ لوگوں کی عادت ہوتی ہے کہ کوئی بات کہیں سے اُڑتی ہوئی سنتے ہیں اور اُسے بغیر پرکھے اور تحقیق کئے آگے پھیلانا شروع کر دیتے ہیں۔ اللہ تعالیٰ نے اِس سے سختی سے منع کیا ہے۔ اور کہا ہے کہ جس بات کا تمہیں یقینی طور پر علم نہ ہو، اس کے پیچھے مت لگو۔ یاد رکھو کہ تم سے پوچھا جائے گا کہ کیا تم نے خود اپنے کانوں سے ایسا سنا تھا؟ کیا اپنی آنکھوں سے ایسا دیکھا تھا؟ اور یہ بھی پوچھا جائے گا کہ تم نے سوچ سمجھ کر اس کی تحقیق کر لی تھی اور خود تمہارے اپنے دل نے تو اس کے اندر کچھ نہیں ملا دیا تھا؟ اللہ تعالیٰ نے یہ بھی کہا ہے کہ لوگوں کی ٹوہ میں نہ لگے رہو۔ یہ بہت بری بات ہے۔ ٹوہ کا مطلب ہے کسی دوسرے کی جاسوسی کرتے رہنا۔ قرآن میں یہ بھی ہے کہ جو بھی بری بات سنو اُس سے دور رہو۔ بچو مجھے امید ہے کہ آپ لوگوں نے میری باتیں غور سے سُنی ہونگی اور آپ اِن پر عمل بھی کرو گے۔ جی ابو جان! ہم نے تمام باتیں سمجھ لی ہیں اور ہم اِن کو ہمیشہ یاد رکھیں گے۔ حاشر اور صالح دونوں نے سلجھے ہوئے بچوں کی طرح جواب دیا۔ ٹھیک ہے۔ اب تم جاؤ اور آزاد کشمیر جانے کی تیاری کرو۔ ہم کل صبح ہی روانہ ہو جائیں گے۔

۱۱۔ سب مسلمان برابر ہیں

ہم چوہدری کیوں نہیں؟ عائشہ نے سکول سے گھر آتے ہی اپنے ابو سے پوچھا۔ کیا بات ہے؟ کیوں پوچھ رہی ہو؟ اُس کے ابو نے بڑے پیار سے عائشہ سے کہا۔

ابو میری دوست فوزیہ بڑی اکڑ کر کہہ رہی تھی کہ ہم چوہدری ہیں، ہماری ذات سب سے بڑی ہے اور ہم سب سے اونچے ہیں۔ تم تو چوہدری نہیں ہو۔ ابو، کیا چوہدری سب سے اونچے ہوتے ہیں؟ ہم چوہدری کیوں نہیں؟ کیا ہم چوہدری نہیں بن سکتے؟ اور یہ ذات کیا ہوتی ہے؟ عائشہ نے ایک ہی سانس میں اتنے سوال کر دیے۔ اُس کے ابو نے کہا: آؤ میرے پاس بیٹھو۔ میں تمہیں بتاتا ہوں ۔

عائشہ اپنے ابو کے پاس بیٹھ گئی۔ اتنی دیر میں اُس کی چھوٹی بہنیں ثنا اور مریم بھی آ گئیں اور وہ بھی سننے لگیں۔ اُن کے ابو انہیں بتانے لگے کہ کوئی ذات بڑی یا چھوٹی نہیں ہوتی۔ سب انسان ہونے کے ناطے برابر ہیں اور سب کی عزت ایک جیسی ہے۔ قرآن مجید میں اللہ تعالیٰ نے یہ کہا ہے کہ سب انسان ایک جیسے ہیں کیونکہ سب آدم کی اولاد ہیں۔ انسان ہونے کی وجہ سے سب قابلِ عزت ہیں، چاہے کسی بھی رنگ، نسل یا مذہب سے تعلق رکھتے ہوں۔ تمام انسانوں کو اللہ نے پیدا کیا ہے، اس لیے سب انسان ہونے کے ناطے برابر ہیں۔ کوئی شخص صرف اِس لیے بڑا یا چھوٹا نہیں ہے کہ اُس کا تعلق کس قبیلہ، ملک یا قوم سے ہے۔ اِسی طرح کوئی قوم بڑی یا چھوٹی نہیں ہوتی اور نہ ہی کوئی ذات اونچی یا نیچی ہوتی ہے۔ اِن چیزوں کی کوئی اہمیت نہیں اور اِس سے کچھ فرق نہیں پڑتا کہ ہم چوہدری ہیں یا نہیں۔ فرق اِس سے پڑے گا کہ ہم اچھے انسان ہیں یا نہیں۔ ہمیں اپنے اخلاق اور کردار پر توجہ دینی چاہیے۔

لیکن فوزیہ تو کہہ رہی تھی کہ قوم اور برادری کا ذکر تو قرآن مجید میں بھی آیا ہے اور اللہ تعالیٰ نے خود کہا کہ ہم نے تمہیں قوموں اور قبیلوں میں پیدا کیا ہے۔ اِس کا پھر کیا مطلب ہے؟

ابو نے جواب دیا: قرآنِ پاک میں جہاں یہ ذکر آیا ہے وہ پوری آیت اِس طرح ہے کہ اے لوگو! اللہ نے تمہیں ایک مرد اور عورت سے پیدا کیا ہے۔ باقی رہے مختلف خاندان اور قبیلے تو وہ صرف اس لیے ہیں کہ تمہیں ایک دوسرے کو پہچاننے میں آسانی ہو۔ اور اللہ کے نزدیک وہی عزت والا ہے جو تم میں زیادہ پرہیز گار ہے، یعنی جو اللہ کے احکام کے مطابق زندگی بسر کرتا ہے۔ دیکھا تم نے اللہ تعالیٰ نے بالکل واضح کر دیا کہ کوئی اپنے خاندان، قبیلے، نسل، زبان اور کسی اور وجہ سے بڑائی کا اظہار نہ کرے۔ قرآن مجید میں یہ اس لیے بتایا گیا ہے تاکہ کوئی اپنے آپ کو بڑا سمجھنے اور دوسروں کو حقیر سمجھنے کی کوشش نہ کرے۔ اللہ تعالیٰ نے صاف بتا دیا ہے کہ تمام انسان پیدائش کے اعتبار سے ایک جیسے ہیں، پھر اُن میں فرق کیسے ہو سکتا ہے؟ اور نہ کوئی خاندان کسی دوسرے خاندان سے بڑا اور معزز ہو سکتا ہے۔ خاندان اور قبیلے تو صرف اِس لیے ہیں کہ اگر ایک ہی محلے یا شہر میں ایک ہی نام کے بہت سے لوگ ہوں تو پہچاننے میں آسانی رہے کہ کس شخص کی بات کر رہے ہیں۔ جیسے صرف نام رکھنے سے کوئی بڑا یا چھوٹا نہیں ہوتا اِسی طرح خاندان کے نام سے کوئی بڑا یا چھوٹا نہیں ہوتا۔ کوئی صرف اِس وجہ سے عزت والا نہیں ہو جاتا کہ وہ فلاں خاندان میں پیدا ہوا ہے اور کوئی دوسرا کم عزت والا صرف اِس لیے ہے کہ وہ کسی اور خاندان میں پیدا ہوا ہے۔ کوئی بھی اپنی مرضی سے پیدا نہیں ہوتا۔ یہ تو اللہ ہی پیدا کرتا ہے اور اللہ سب کو برابر پیدا کرتا ہے۔ لہذا چوہدری ہونے یا نہ ہونے سے کوئی فرق نہیں پڑتا۔ کسی کا کوئی بھی خاندان ہو، چاہے سید، چوہدری، بٹ، ملک، راجہ، میر، انصاری، رحمانی، قریشی یا کچھ بھی ہو، یہ وجہ امتیاز نہیں۔ ہمارے پیارے نبی حضرت محمد ﷺ نے اپنے آخری خطبہ میں بالکل واضح اعلان کر دیا تھا کہ کسی عربی کو غیر عربی پر اور کسی کالے کو گورے پر کوئی برتری اور فضیلت حاصل نہیں۔ سب برابر ہیں اور رنگ و نسل کے تمام بت آج میرے قدموں تلے ہیں۔ حضور ﷺ نے اپنی پھوپھی زاد بہن حضرت زینبؓ جن کا خاندان قریش اُس زمانے میں بڑا سمجھا جاتا تھا، اُن کی شادی حضرت زیدؓ سے کرائی جو کہ پہلے غلام تھے اور انہیں خاندانی اعتبار سے کم سمجھا جاتا تھا۔ اس طرح حضور ﷺ نے خاندان کے بڑا یا چھوٹا ہونے کا تصور ختم کر دیا۔ حضور کے صحابہؓ میں حضرت بلالؓ حبشی بھی تھے اور حضرت صہیبؓ رومی بھی تھے۔ صحابہ میں حضرت سلمانؓ فارسی بھی تھے اور حضرت علیؓ بھی تھے۔ وہ سب حضور ﷺ کے صحابہ تھے اور وہ ایک دوسرے میں خاندان کی وجہ

سے فرق نہیں کرتے تھے۔ اور پھر اللہ نے قرآن میں بھی کہہ دیا ہے کہ تمام مسلمان آپس میں بھائی بھائی ہیں۔ ایک دفعہ کچھ صحابہ میں ایک غلط فہمی کی وجہ سے چھوٹا سا جھگڑا ہو گیا تو ایک صحابی نے پرانے رواج کے مطابق اپنے قبیلے کو آواز دی تو دوسرے نے بھی یہی کیا۔ جب حضور صَلَّی اللہُ عَلَیہِ وَسَلَّم کو علم ہوا تو آپ سخت ناراض ہوئے اور کہا کہ تم نے یہ سب سے بدبو دار نعرہ لگایا ہے۔ آپ نے فرمایا کہ تم میری موجودگی میں یہ سب کر رہے ہو۔ جنہوں نے ایسا کیا انہیں اپنی غلطی کا احساس ہوا اور اِس کے بعد کسی نے بھی ایسا نہ کیا۔

عائشہ کے ابو انہیں بتا رہے تھے اور وہ تینوں بہنیں بڑے غور سے سن رہی تھیں۔ ابو کہہ رہے تھے کہ بہت سے خاندان اس وجہ سے بنے تھے کہ پرانے زمانے میں ایک ہی خاندان کے لوگ ایک جیسا ہی کام کرتے تھے۔ اُن کا یہ پیشہ ہی اُن کے خاندان کا نام بن جاتا تھا۔ سب لوگ مل جل کر رہتے تھے اور اپنا اپنا کام کرتے تھے۔ اور یہی کام اُن کی پہچان بن جاتا تھا۔ ظاہر ہے کہ اس کی بنیاد پر تو کسی کو بھی بڑا یا کمتر نہیں کہنا چاہیے۔ اور اسلام کا بھی یہی حکم ہے۔ جب انسان آپس میں اختلاف کرنے لگتے تھے تو اللہ تعالیٰ اپنے نبی اُن کی طرف بھیجتا تھا، تا کہ اُن کے اختلاف ختم کر کے انہیں پھر سے ایک بنا دے۔ قرآن مجید میں مختلف مقامات پر یہ کہا گیا ہے کہ مرنے کے بعد جنت صرف اچھے اعمال والوں کو ملے گی اور صرف خاندان کی بنیاد پر کسی کو کوئی فائدہ نہیں ہو گا۔ یہی بات حضور صَلَّی اللہُ عَلَیہِ وَسَلَّم نے اپنی بہت ہی پیاری بیٹی حضرت فاطمہ کو کہی تھی۔ اسلام کی تعلیم یہ ہے کہ مختلف نسلوں، رنگوں، ملکوں اور قبیلوں والے انسان مسلمان ہونے کے بعد آپس میں بھائی بھائی ہیں۔ اور اِن کے آپس کے تعلقات نہایت محبت اور شفقت والے ہیں۔ اسلام میں قومیت کا معیار ایمان ہے۔ اِس اعتبار سے دنیا میں صرف دو ہی قومیں ہیں۔ ایک مسلمان اور دوسرے جو مسلمان نہیں ہیں۔

اب مریم نے پوچھا: ابو! یہ سنی اور شیعہ کیا ہوتا ہے؟ میں نے فیس بک پر دیکھا ہے کئی لوگوں نے اپنے آپ کو مسلمان سُنی لکھا ہوا ہے، کچھ نے شیعہ اور کئی لوگوں نے کچھ اور۔ ان میں کیا فرق ہے اور ہم کون سے مسلمان ہیں؟

ابو نے جواب دیا کہ ہم صرف مسلمان ہیں اور بس یہی ہماری پہچان ہے۔ اللہ تعالیٰ نے قرآنِ حکیم میں ہمیں صرف مسلمان کہا ہے اور اسلام کو ہمارا دین کہا ہے۔ ہمارے نبی حضرت محمد صلی اللہ علیہ وسلم اور تمام صحابہ اکرامؓ اپنے آپ کو صرف مسلمان کہتے تھے۔ خدا نے آپس میں اختلاف کرنے اور فرقے بنانے سے سخت منع کیا ہے۔ اِس بارے میں قرآن مجید میں ہے کہ تم سب اللہ کی رسی یعنی اُس کے دین کو مضبوطی سے پکڑ لو اور فرقوں میں نہ بٹو۔ ایک اور جگہ پر کہا کہ فرقوں میں مت بٹو اور مشرکین والا کام نہ کرو۔ اس سے بھی آگے بڑھ کر رسول پاک صلی اللہ علیہ وسلم کو فرمایا کہ جن لوگوں نے دین میں فرقے بنائے آپ کا اُن سے کوئی تعلق نہیں۔ کتنی اہم بات ہے کہ جن کے ساتھ رسولِ پاک صلی اللہ علیہ وسلم کا تعلق نہ ہو وہ کیسے مسلمان ہو سکتے ہیں؟ اللہ تعالیٰ کے اس قدر واضع احکامات کے بعد ہمیں اپنے آپ کو فرقوں میں تقسیم نہیں کرنا چاہیے اور اپنے آپ کو صرف مسلمان ہی کہنا چاہیے۔ یہی ہماری پہچان ہونی چاہیے۔

۱۲۔ غیر مسلموں سے سلوک

زہیب بہت خوش تھا کیونکہ اُس کے ماموں ناروے سے آئے تھے اور اُس کے لیے بہت سی چاکلیٹ اور دوسرے تحفے لے کر آئے تھے۔ اُس نے اپنے دوستوں کو بھی چاکلیٹ دیں۔ اُس کے دوست بہت خوش ہوئے اور انہوں نے زہیب کے ماموں سے ملنے کی خواہش کا اظہار کیا۔ وہ ناروے کے بارے میں بہت کچھ جاننا چاہتے تھے۔ یہ طے پایا کہ منگل کو جب سب کو سکول سے چھٹی ہوگی تو سب ماموں جان سے ملنے آئیں گے۔ پھر منگل کو زہیب کے دوست ملنے کے لیے آئے تو زہیب نے سب کا ماموں جان سے تعارف کرایا۔ زہیب کہنے لگا ماموں جان، یہ سب ناروے کے بارے میں جاننا چاہتے ہیں۔ آپ انہیں اس بارے میں بتائیں۔

زہیب کے ماموں انہیں بتانے لگے کہ ناروے بہت خوبصورت اور دنیا کا خوشحال ترین ملک ہے ۔ یہاں بل کھاتی وادیاں، نیلگوں جھیلیں، سرسبز پہاڑ، دلکش نظارے، ہرے بھرے کھیت، خوبصورت ساحل اور صاف ستھری آب وہوا ہے جس کی وجہ سے دنیا بھر کے سیاح موسم گرما میں یہاں کا رُخ کرتے ہیں۔ سردیوں میں یہاں خوب برف باری ہوتی ہے گویا زمین نے ایک موٹی سفید چادر تان لی ہو۔

احمد نے پوچھا: ناروے کی کل آبادی کتنی ہے اور وہاں مسلمانوں کی تعداد کتنی ہے ؟

بیٹا ناروے کی کل آبادی پچاس لاکھ کے لگ بھگ ہے اور اُن میں مسلمانوں کی تعداد ڈیڑھ لاکھ کے قریب ہے۔ مسلمانوں میں سب سے زیادہ پاکستان سے تعلق رکھنے والے ہیں جو تیس ہزار سے زائد ہیں۔ اسلام ناروے کا دوسرا بڑا مذہب ہے۔ ناروے کے دارالحکومت اوسلو میں بہت خوبصورت اور بڑی مساجد ہیں جہاں مسلمان آزادانہ طور پر اپنے مذہبی فرائض ادا کرتے ہیں۔ نماز جمعہ ، عیدین، عید میلادالنبی ﷺ اور دوسرے اہم ایام میں بڑے اجتماعات ہوتے ہیں۔ وہاں ہر طرح کی مذہبی آزادی ہے اور حکومت کی طرف سے کوئی پابندی نہیں بلکہ وہ تعاون بھی کرتی ہے۔

سب بچے بڑے غور سے اُن کی باتیں سُن رہے تھے۔ اب آدم نے پوچھا کہ وہاں زیادہ تو عیسائی لوگ رہتے ہیں تو آپ لوگوں کے اُن کے ساتھ تعلقات کیسے ہیں؟

زہیب کے ماموں بتانے لگے کہ وہاں مختلف مذاہب کے ماننے والے آپس میں بہت اچھے طریقے سے رہتے ہیں اور ایک دوسرے کی عزت کرتے ہیں۔ جب ہماری عید ہوتی ہے تو ہمارے ناورجین دوست ہمیں مبارک باد بھی دیتے ہیں۔ اسی طرح جب وہ کرسمس مناتے ہیں تو ہم بھی انہیں مبارک باد دیتے ہیں، کرسمس کارڈ ارسال کرتے ہیں اور جو زیادہ قریبی ہوں انہیں تحائف بھی دیتے ہیں۔

نعیم نے پوچھا: ماموں جان! کیا ہم دوسرے مذہب کے لوگوں کے ساتھ تعلقات رکھ سکتے ہیں؟ اس بارے میں ہمارے دین اسلام کی کیا تعلیمات ہیں؟

ماموں جان نے بتایا کہ اسلام ہمیں غیر مسلموں کے ساتھ اچھا سلوک کرنے کا حکم دیتا ہے۔ مسلمانوں کے لیے اہل کتاب یعنی عیسائیوں اور یہودیوں کے گھروں سے کھانا پینا جائز ہے۔ ایک دفعہ مدینہ منورہ میں کچھ عیسائی لوگ ہمارے نبی صَلَّی اللہُ عَلَیْہِ وَسَلَّم سے ملنے کے لیے آئے اور جب اُن لوگوں کی عبادت کا وقت ہوا تو حضور پاک صَلَّی اللہُ عَلَیْہِ وَسَلَّم نے عیسائیوں کو مسجد نبوی میں اُن کے اپنے مذہب کے مطابق عبادت کرنے کی اجازت دے کر ایک روشن مثال قائم کی۔ اِسی طرح ایک موقع پر حضور پاک صَلَّی اللہُ عَلَیْہِ وَسَلَّم ایک جگہ بیٹھے ہوئے تھے کہ کسی غیر مسلم کا جنازہ آیا تو آپ احترام میں کھڑے ہو گئے۔ مدینہ منورہ میں ایک غیر مسلم بچہ تھا وہ آپ صَلَّی اللہُ عَلَیْہِ وَسَلَّم سے بہت پیار کرتا تھا ایک دفعہ جب وہ بیمار پڑ گیا تو آپ اُس کی تیمارداری کرنے گئے۔ قرآن حکیم انسان ہونے کے ناطے سب کو عزت و احترام دیتا ہے اور فرمایا کہ اللہ تعالیٰ نے تمام انسانوں کو قابلِ عزت پیدا کیا ہے۔ اس کے علاوہ یہ بھی کہا کہ اگر کسی نے کسی ایک انسان کی جان بچائی تو وہ ایسا ہی ہے کہ اُس نے پوری دنیا کے انسانوں کی جان بچائی اور اسی طرح اگر کسی نے کسی دوسرے انسان کو جان بوجھ کر قتل کیا تو گویا اُس نے تمام انسانوں کو قتل کر دیا۔ یہ حکم تمام انسانوں کے لیے ہے چاہے اُن کا مذہب کوئی بھی ہو۔ بیٹا ہمارے دین کا نام اسلام ہے جس کا مطلب سلامتی ہو تا

ہے اور اس دین کو ماننے والے مومن ہوتے ہیں جس کا معنی امن کی ضمانت دینے والا۔ مومن وہ ہو گا جس سے سب کو امن و سلامتی ملے۔ اللہ تعالٰی کا ایک نام المومن بھی ہے جس کا معنی بھی امن دینے والا ہے۔

فراز نے پوچھا: کیا ہم غیر مسلموں سے میل جول رکھ سکتے ہیں کیا اُن سے دوستی منع نہیں ہے؟

ماموں جان: بیٹا دنیا میں جتنے بھی غیر مسلم ہیں وہ دو طرح کے ہیں۔ ایک وہ جو مسلمانوں سے لڑتے ہیں، جنگ کر رہے ہیں اور انہیں اپنا دشمن سمجھتے ہیں ظاہر ہے اُن سے دوستی اور میل جول نہیں رکھ سکتے اور اس سے قرآنِ حکیم نے بھی منع کیا ہے مگر جو غیر مسلم لوگ یا ملک اس طرح سے نہیں ہیں اور وہ مسلمانوں سے اچھے انداز میں رہ رہے ہیں اُن سے تعلقات اور میل جول رکھنا چاہیے۔ اُن کی غمی اور خوشی میں شامل ہونا چاہیے۔ دیکھو کروڑوں غیر مسلم اسلامی ممالک میں رہ رہے ہیں اور اِسی طرح کروڑوں مسلمان غیر اسلامی ملکوں کے شہری ہیں ۔ اب یہ کیسے ممکن ہے کہ وہ ایک دوسرے کے ساتھ میل جول نہ رکھیں اور نہ ہمارا دین ہمیں اس سے منع کرتا ہے۔ ہمیں اُن کے ساتھ اچھے اخلاق اور طرزِ عمل کا مظاہرہ کرنا چاہیے تا کہ وہ اچھا تاثر لیں اور ہمارے دین کے قریب بھی آ سکیں۔ حضور پاک ﷺ اور ہمارے خلفاء راشدین کے دور میں اسلامی ملک میں رہنے والے مسلمانوں اور غیر مسلموں کے آپس میں بہت اچھے تعلقات ہوتے تھے۔ ہمارے دوسرے خلیفہ حضرت عمرؓ کا ایک ملازم غیر مسلم تھا اور وہ خوش و خرم آپؓ کے ساتھ رہتا تھا۔

اب زوہیب نے پوچھا: ماموں جان! آپ نے کہا ہے کہ اسلام مذہبی آزادی دیتا ہے۔ اس کا کیا مطلب ہے؟

بیٹا مذہبی آزادی اور کسی پر دین کے معاملہ میں زبردستی نہ کرنے کا مطلب یہ ہے کہ نہ تو کسی کو زبردستی، دباؤ یا لالچ دے کر مسلمان بنایا جا سکتا ہے اور نہ ہی کسی کو زبردستی مسلمان رکھا جا سکتا ہے۔ کسی طرح کی زبردستی نہیں کی جا سکتی اور کسی دوسرے کے مذہبی معاملہ میں مداخلت نہیں کی جا سکتی۔ اللہ تعالٰی نے قرآن حکیم میں ہمارے رسولِ پاک ﷺ کو بھی کہا ہے کہ آپ ﷺ کا کام دوسروں کو دین کا پیغام دینا ہے اور آپ ﷺ زبردستی کسی کو ایمان لانے پر مجبور نہیں کر سکتے۔ حضور پاک ﷺ کو یہ حکم ہے تو ہمیں یہ ضرور سوچنا چاہیے کہ کہیں

ہم تو کوئی ایسا کام نہیں کر رہے ہیں جس سے قرآن مجید نے منع کیا ہے۔ جتنی مذہبی آزادی دین اسلام میں ہے وہ کسی بھی اور دین یا مذہب میں نہیں۔ قرآنِ مجید میں حکم ہے کہ مسلمان غیر مسلموں کی عبادت گاہوں کی نہ صرف حفاظت کریں بلکہ اگر اس کی خاطر انہیں لڑنا بھی پڑے تو اس سے بھی گریز نہ کریں۔ پھر یہ بھی حکم دیا کہ دوسرے مذاہب کے جھوٹے خداؤں کو بھی بُرا بھلا نہ کہیں۔

سکندر نے پوچھا: اگر کوئی غیر مسلم اسلام کے بارے میں غلط باتیں کرے تو پھر ہمیں کیا کرنا چاہیے؟

ماموں جان بتانے لگے اس کا جواب خود قرآنِ پاک نے دیا ہے اور بہت ہی اچھے اور سلجھے اور ازسے سمجھایا ہے کہ اگر کسی جگہ اللہ کی آیات کا مذاق اُڑایا جا رہا ہو یعنی اسلام کے خلاف باتیں ہو رہی ہوں تو اُس محفل سے اُٹھ کر چلے جاؤ اور جب وہاں اسلام کے خلاف باتیں ہونا بند ہو جائیں اور عام گفتگو ہو تو پھر دوبارہ اُسی محفل میں آیا جا سکتا ہے۔ اسلام نے ہمیں یہ بہت ہی سنہرا اصول دیا ہے اور اس پر عمل کرنے کی ضرورت ہے۔

آدم پوچھنے لگا: ماموں جان! ہم نے سنا ہے کہ ناروے میں گرمیوں میں رات نہیں ہوتی اور سردیوں میں رات ہی رہتی ہے تو وہ لوگ کام کیسے کرتے ہیں؟

ناروے قطب شمالی پر واقع ہے اور اگر آپ دنیا کے نقشے کو دیکھیں تو آپ کو یہ بالکل اوپر نظر آئے گا۔ قطب شمالی کی جانب ایک مقام پر سویڈن، ناروے اور فن لینڈ تینوں ممالک کی سرحدیں آپس میں ملتی ہیں۔ یہاں نورڈ کپ نامی ایک قصبہ ہے جو قطب شمالی پر آخری انسانی بستی ہے۔ یہ تو آپ جانتے ہی ہیں کہ زمین سورج کے گرد گھومنے کے ساتھ ہی ساتھ اپنے گرد بھی گھومتی ہے اس گردش میں جو زمین کا خطہ قطب شمالی یا جنوبی میں ہو وہاں گردش بہت آہستہ ہوتی ہے۔ اِسی لیے ناروے، سویڈن اور فن لینڈ کے شمالی علاقوں میں گرمیوں یعنی مئی سے اگست تک دِن بہت لمبے ہوتے ہیں اور اُن ملکوں کا جو حصہ قطب شمالی کے دائرہ کے اندر ہے وہاں جون کے وسط سے لیکر جولائی کے پہلے ہفتہ تک مسلسل سورج چمکتا ہے اِسی لیے اس خطہ کو '' آدھی رات کے سورج کی سرزمین '' کہا جاتا ہے۔ دوسری جانب سردیوں میں بہت لمبی راتیں ہوتی ہیں اور دسمبر جنوری میں تقریباً سورج

غائب رہتا ہے۔ گرمیوں میں دِن لمبے ہوں یا سردیوں میں دِن بہت چھوٹے، وہاں رہنے والے اپنے کام کاج معمول کے مطابق جاری رکھتے ہیں اور اپنے ملک کے وقت کے تحت سارے کام کرتے ہیں۔ گرمیوں میں ابھی سورج چمک رہا ہوتا ہے اور وہ سو جاتے ہیں اور سردیوں میں ہر وقت اندھیرا ہوتا ہے مگر بچے سکولوں میں اور بڑے اپنے کاموں پر ہوتے ہیں۔

بچے کہنے لگے: ماموں جان! آپ نے ہمیں بہت اچھی طرح سمجھایا ہے کہ غیر مسلموں کے ساتھ کس طرح کس طرح اچھا سلوک کرنا چاہیے۔ ناروے اور سویڈن کا سُن کر تو جی چاہتا ہے کہ ہم بھی وہاں کی سیر کریں اور یہ بھی دیکھیں کہ آدھی رات کا سورج کیسا ہوتا ہے۔ ماموں جان ہم وہاں کیسے جاسکتے ہیں۔

بچو آپ سب خوب محنت کرکے تعلیم حاصل کرو اور تم لوگ اعلیٰ تعلیم حاصل کرنے کے لیے وہاں جاسکتے ہو۔ اس طرح آپ وہاں کی سیر بھی کر لوگے اور اعلیٰ تعلیم بھی حاصل کر سکوگے۔ اس کے لیے آپ سب کو خوب محنت سے پڑھنا چاہیے۔

۱۳۔ اللہ تعالیٰ ہمیں نظر کیوں نہیں آتا؟

ایشال بہت پیاری بچی ہے، بالکل گڑیا جیسی لگتی ہے۔ اُسے جانور بہت پسند ہیں۔ اُس کے ابو نے ایشال کے لیے گھر میں بہت سے پالتو جانور رکھے ہوئے ہیں۔ اُن میں بلیلاں اور مختلف قسموں کے پرندے شامل ہیں۔ پرندوں میں مور، کبوتر، بطخیں، مرغیاں، کئی قسموں کی چڑیاں اور طوطے شامل ہیں۔ رنگ برنگے طوطے بہت ہی بھلے لگتے ہیں۔ وہ سکول سے آتے ہی سب سے پہلے اِنہیں دیکھتی ہے اور پھر کہیں جا کر کھانا کھاتی ہے اور بھائی موسیٰ کے ساتھ کھیلتی ہے۔ سب جانور بھی اُسے بہت پیار کرتے ہیں اور بلی تو آ کر اُس کے پاس بیٹھ جاتی ہے تو پھر ایشال پیار سے اُس پر ہاتھ پھیرتی ہے۔ مور جب اپنے پر پھیلا کر ناچتا ہے تو ایشال بہت خوش ہوتی ہے۔ وہ اپنی امی سے پوچھتی ہے کہ امی جان یہ مختلف جانور، رنگ برنگے پرندے اور خوبصورت مچھلیاں کس نے پیدا کی ہیں۔ اُس کی امی نے اُسے پیار کرتے ہوئے بتایا کہ اللہ جس نے ہمیں پیدا کیا ہے اُسی نے یہ سب چیزیں پیدا کی ہیں، پوری دنیا بلکہ ساری کائنات اللہ ہی کی پیدا کردہ ہے۔ ایشال نے اپنی امی کی طرف دیکھتے ہوئے بڑی معصومیت سے پوچھا کہ امی جان، سب کچھ اللہ نے پیدا کیا ہے تو اللہ کو کس نے پیدا کیا ہے؟ یہ سُن کر ایشال کی امی کہنے لگیں کہ تم نے بھی وہی سوال کیا ہے جو میں بھی اپنے بچپن میں کیا کرتی تھی۔ تمہارے ننھے ذہن کو اس سوال کا جواب سمجھانا آسان نہیں ہے۔ جب تم بڑی ہو جاؤ گی تو پھر تمہارے لیے اسے سمجھنا آسان ہو گا۔ پھر بھی میں تمہارے سوال کا جواب آسان لفظوں میں تمہیں سمجھانے کی کوشش کرتی ہوں۔

دیکھو! اللہ تعالیٰ اُس طرح سے نہیں ہے جیسے دوسری چیزیں ہمیں نظر آتی ہیں۔ اُسے کسی بھی مثال سے نہیں سمجھایا جا سکتا کیونکہ پوری کائنات میں کوئی اور چیز اُس جیسی نہیں ہے۔ اُس نے کائنات کی ہر چیز کو بنایا ہے۔ اُس کا کوئی ماں باپ، بہن بھائی یا اولاد نہیں ہے اور وہ ہر جگہ موجود ہے۔ کوئی ایسی جگہ نہیں جہاں وہ موجود نہیں ہے۔ وہ بہت زیادہ طاقت رکھتا ہے اور ہر چیز کو پیدا کرنے والا ہے۔ اُس سے بڑا کوئی بھی نہیں ہے تو پھر اُس کو کوئی کیسے پیدا کر سکتا ہے؟ پیدا تو تب کرتا اگر کوئی اُس سے بڑا ہوتا۔ جب پوری کائنات میں اُس سے بڑا کوئی نہیں، کوئی

ایسا نہیں جو ہر جگہ موجود ہو، کوئی اور ایسا نہیں جو اللہ جیسا ہو۔ اِس لیے اللہ کو کسی نے پیدا نہیں کیا۔ وہ ہمیشہ سے ہے اور ہمیشہ رہے گا۔ وہ ایک ہے اور اُسے کائنات کا نظام چلانے کے لیے کسی کی بھی مدد کی ضرورت نہیں۔

اب ایشال نے پوچھا کہ امی جان، اگر اللہ تعالیٰ ہر جگہ موجود ہے تو ہمیں نظر کیوں نہیں آتا؟ کیا وہ بہت دور آسمان پر ہے اور اِس لیے ہمیں نظر نہیں آتا؟

امی جاننے کہا کہ یہ بھی تم نے بہت اہم سوال کیا ہے۔ پہلی بات تو یہ ہے کہ ایسا نہیں کہ اللہ تعالیٰ آسمان پر ہے اور زمین سے ہمیں نظر نہیں آتا۔ آسمان سے اللہ کا کوئی خاص تعلق نہیں۔ وہ تو ہر جگہ ہے۔ پوری کائنات میں وہ ہر طرف ہے۔ دوسری بات یہ کہ ضروری نہیں کہ ہر چیز ہمیں نظر آئے۔ بہت سی چیزیں ایسی ہیں جو ہمیں نظر نہیں آتی ہیں مگر ہم یہ نہیں کہہ سکتے کہ وہ ہیں ہی نہیں۔ کیا تم نے کبھی ہوا کو دیکھا ہے؟ نہیں دیکھا ہو گا؟ مگر ہوا زمین پر ہر جگہ ہوتی ہے۔ کوئی جاندار اُس کے بغیر زندہ نہیں رہ سکتا۔ اِسی طرح سردی اور گرمی کو ہم محسوس کر سکتے ہیں، دیکھ نہیں سکتے۔ بہت سی شعائیں، لہریں اور رنگ فضا میں موجود ہوتے ہیں مگر ہمیں دکھائی نہیں دیتے۔ یہاں تک کہ اگر کسی کو درد ہو تو وہ بھی نظر نہیں آتی صرف محسوس ہوتی ہے۔ اِس لیے یہ ضروری نہیں کہ ہر چیز نظر آئے۔ اِسی طرح اللہ تعالیٰ بھی نظر نہیں آتا مگر کائنات کی ہر چیز اپنے بنانے والے کی گواہی دیتی ہے۔ اِس طرح اللہ تعالیٰ اپنی قدرت سے نظر آتا ہے۔

ایشال نے پوچھا: اللہ تعالیٰ اپنی قدرت سے کیسے نظر آتا ہے؟ اِس بارے میں مجھے زیادہ تفصیل سے بتائیں۔

امی نے جواب دیا کہ کائنات میں سورج، چاند، ستارے، سمندر، پہاڑ اور بہت سی چیزیں ہیں۔ کیا یہ سب خود بخود بن گئی ہیں؟ نہیں! ایسا نہیں ہو سکتا۔ اِن سب کو اللہ نے بنایا ہے۔ اِس طرح ہر ایک چیز اپنے بنانے والے کی گواہی دے رہی ہے کہ کوئی ہے جس نے اُسے بنایا ہے۔ یہ خوش رنگ پھول، مزیدار پھل اور طرح طرح کی نعمتیں سب اللہ ہی کی پیدا کردہ ہیں۔ مختلف جانور، فضاؤں میں اُڑتے ہوئے پرندے، سمندر میں موجود مچھلیاں اور دیگر آبی مخلوق، ننھے منے کیڑے یہاں تک کہ صرف خوردبین سے نظر آنے والے جاندار بھی سب اُسی کے

پیدا کردہ ہیں۔ پھر انسان کو اللہ نے کس طرح بنایا ہے کہ کھربوں خلیے مل کر اعضا بناتے ہیں اور بہت سے اعضا نظام کی شکل اختیار کرتے ہیں۔ اور جس طرح سے وہ کام کرتے ہیں، بڑے سے بڑا سائنس دان بھی بہت تحقیق کے بعد اپنا سر جھکا لیتا ہے کہ یہ سب خود بخود نہیں ہو سکتا، بلکہ کوئی طاقت ہے جس نے یہ سب بنایا ہے۔ وہی خدا ہے۔

ہمارے جسم کا نظام اللہ کے بنائے ہوئے ایک خود کار طریقہ کار کے مطابق اپنے آپ چلتا رہتا ہے، چاہے ہم سو رہے ہوں یا کوئی اور کام کر رہے ہوں۔ دل کا دھڑکنا ہو یا خون کی گردش، سانس لینا ہو یا کھانے کا ہضم ہونا، ہمیں کچھ نہیں کرنا پڑتا۔ ہمارا جگر پانچ سو سے زائد کام کرتا ہے۔ انسانی دماغ کس طرح کام کرتا ہے یہ بڑے بڑے سائنس دانوں کے لیے حیرت کا باعث ہے۔ یہاں تک کہ ایک طاقتور خورد بین سے ہی نظر آنے والے صرف ایک خلیہ میں وہ نظام بنایا ہے کہ انسان بے اختیار پکار اُٹھتا ہے کہ واقعی کسی پیدا کرنے والے کے بغیر یہ ممکن نہ تھا۔ ہمارے اور دوسرے جانداروں کے زندہ رہنے کے لیے ہوا، پانی، مناسب درجہ حرارت، موزوں دباؤ اور کئی دوسری ضروری چیزیں ہر ایک کو مفت اللہ کی طرف سے ملتی ہیں جنہیں اگر خرید نا پڑے تو کوئی بھی ایسا نہ کر سکے۔ سورج چاند اور دوسرے ستارے اللہ کے بنائے ہوئے قوانین کے مطابق اپنے اپنے راستہ پر چل رہے ہیں اور ایک سیکنڈ بھی آگے پیچھے نہیں ہوتے۔ دن رات اور موسم کیسے باقاعدگی سے آتے جاتے رہتے ہیں۔ یہ سب بغیر کسی بنانے والے کے نہیں ہو سکتا اور اِن سب کو بنانے والا ہے صرف اللہ ہے، کوئی اور نہیں۔ بنانا تو دور کی بات ہے، کوئی اِن میں تبدیلی بھی نہیں کر سکتا۔ یہی بات تو حضرت ابراہیم علیہ السلام نے اپنے وقت کے بادشاہ کو کہی تھی جس نے خدا ہونے کا دعویٰ کیا تھا۔

ایثال نے کہا: امی جان! حضرت ابراہیم علیہ السلام نے کس بادشاہ کو ایسا کہا تھا؟ مجھے پورا واقعہ سنائیں۔

حضرت ابراہیم کا یہ واقعہ قرآن مجید میں ہے۔ حضرت ابراہیم کا زمانہ حضرت عیسیٰ علیہ السلام سے بہت پہلے کا ہے اور آپؑ عراق میں رہتے تھے۔ آپ حضرت اسماعیلؑ اور حضرت اسحاقؑ کے والد تھے اور حضرت یعقوبؑ

کے دادا تھے۔ اس طرح بنی اسرائیل کے تمام نبی آپؑ کی نسل سے تعلق رکھتے ہیں۔ حضرت ابراہیمؑ کے ہاتھوں ہی خانہ کعبہ کی تعمیر ہوئی تھی جس کی طرف ہم منہ کر کے نماز پڑھتے ہیں۔ حضرت ابراہیمؑ کے زمانے میں لوگ اللہ کی عبادت کرنے کی بجائے بتوں اور ستاروں کو پوجتے تھے۔ آپ نے انہیں سمجھایا بھی کہ جو نہ بول سکتے ہیں اور نہ ہی دیکھ سکتے ہیں وہ کیسے خدا ہو سکتے ہیں ایک دفعہ آپ نے بت خانہ میں جا کر تمام بتوں کو توڑ دیا اور سب سے بڑے بُت کے کندھے پر کلہاڑا رکھ دیا۔ لوگوں نے جب آپ سے پوچھا کہ ہمارے خداؤں کو کیا آپ نے توڑا ہے؟ تو آپؑ نے کہا کہ تم اپنے سب سے بڑے خدا سے پوچھو جس کے کندھے پر کلہاڑا ہے ہو سکتا ہے کہ اُس نے سب کو توڑا ہو۔ اِس پر تمام لوگ کہنے لگے کہ وہ تو اپنی جگہ سے ہل بھی نہیں سکتا وہ کیسے توڑ سکتا ہے اور جواب کیسے دے گا وہ تو بول بھی نہیں سکتا۔ آپؑ نے اُن سے کہا یہی تو میں تمہیں سمجھا رہا ہوں کہ جو نہ بول سکتا ہے نہ چل سکتا ہے وہ خدا کیسے ہو سکتا ہے۔ جو تمھیں نہ نفع دے سکتے ہیں نہ نقصان وہ تمہارے خدا نہیں ہو سکتے۔ پھر وہ سب آپس میں کہنے لگے کہ بات تو یہ ٹھیک کر رہے ہیں۔ اس واقعہ کی خبر اُس وقت کے بادشاہ جس کا نام نمرود تھا اُسے ہوئی۔ وہ اپنے آپ کو خدا سمجھتا تھا۔ جب آپؑ نمرود کے سامنے گئے تو آپؑ نے کہا کہ میر ارب تو وہ ہے جو زندہ کرتا ہے اور موت بھی اُسی کے حکم سے آتی ہے۔ اِس پر نمرود نے کہا کہ میں بھی زندہ کرتا ہوں اور مار تا ہوں۔ حضرت ابراہیمؑ نے جب اُس کی یہ بات سُنی تو کہا کہ میر ارب سورج کو مشرق سے نکالتا ہے اگر تو خدا ہے تو اِسے مغرب سے نکال کر دیکھا۔ یہ سُن کر وہ کافر بادشاہ لاجواب ہو گیا۔ میں نے یہی تمہیں بتایا ہے کہ اِس کائنات کو پیدا کرنا تو ایک طرف کوئی اللہ کے بنائے ہوئے قوانین میں تبدیلی بھی نہیں کر سکتا۔

ایشال کہنے لگی کہ امی جان! آپ نے بہت ہی اہم باتیں مجھے بتائی ہیں اور میرے بہت سے سوالوں کے جواب بھی مجھے مل گئے ہیں، اور یہ سب میں اپنی دوستوں کو بھی بتاؤں گی۔

۱۴۔ اللہ تعالیٰ کے بارے میں قرآن مجید کا بیان

ایشال اپنے امی ابو اور چچازاد بہن بھائیوں کے ساتھ دریا کے کنارے پکنک منانے آئی ہوئی تھی۔ سب بچے بہت خوش تھے۔ انہوں نے وہاں خوب مزہ کیا اور کھیل کود بھی کی۔ دریا میں کشتی کی سیر سے تو بچے اور بھی لطف اندوز ہوئے۔ موسم بھی بہت خوشگوار تھا اس لیے بعد میں انہوں نے دریا کے کنارے بنے ہوئے پارک میں بیٹھ کر چاٹ، دہی بھلے، سموسے اور مزے کی دوسری چیزیں کھائیں۔ بچے وہاں مزید وقت گذارنا چاہتے تھے مگر شام ہونے سے پہلے گھر پہنچنا تھا اس لیے واپسی کا راستہ اختیار کرنا پڑا۔ گھر آکر بچے اپنے کمرے میں بیٹھ گئے اور آپس میں باتیں کرنے لگے۔ ایشال دوسرے بچوں کو وہ باتیں بتانے لگی جو اُس کی امی نے اللہ تعالیٰ کے بارے میں اُسے بتائی تھیں۔ بچے بہت دلچسپی سے سُن رہے تھے۔ ایشال نے یہ بھی بتایا کہ اُس کی امی نے اللہ تعالیٰ کے بارے میں اُس کے ذہن میں آنے والے بہت سے سوالات کے جوابات بھی دیے تھے جس سے وہ بہت مطمئن ہو گئی تھی۔

بچے ابھی یہ باتیں کر ہی رہے تھے کہ ایشال کی امی بھی کمرے میں آ گئیں اور بچوں سے پوچھنے لگیں کہ کیا ہو رہا ہے۔ ایشال نے بتایا کہ امی میں انہیں وہ باتیں بتا رہی ہوں جو آپ نے مجھے اللہ تعالیٰ کے بارے میں بتائی تھیں۔ امی نے کہا یہ تو بہت اچھا ہے۔ جو بھی اچھی باتیں معلوم ہوں وہ ضرور دوسروں کو بتانی چاہیے تا کہ انہیں بھی معلوم ہوں۔ بچے ایشال کی امی سے کہنے لگے چچی جان ہمارے ذہن میں کچھ اور سوال آ گئے ہیں۔ ہم چاہتے ہیں آپ ہمیں اُن کے جوابات بھی دیں۔ بچوں میں سے عبد اللہ نے کہا۔ ایشال کی امی کہنے لگیں ٹھیک ہے آؤ ہم اِس بارے میں بات کرتے ہیں۔

عبد اللہ کہنے لگا: اللہ تعالیٰ پر ایمان رکھنے کے بارے میں قرآن حکیم کا کیا حکم ہے؟

بیٹا! قرآنِ حکیم ہمیں اللہ تعالیٰ پر ایمان لانے کا حکم دیتا ہے۔ ہم اللہ کی ذات کی حقیقت کے بارے میں نہیں جان سکتے اور نہ ہی یہ ہم سے مطالبہ ہے۔ اللہ وہ بلند ہستی ہے جو انسانی نگاہوں سے پوشیدہ ہے اور جس کے سامنے

انسانی عقل بہت چھوٹی ہے۔ انسان تو کائنات کا تصور نہیں کر سکتا تو پھر اُسے پیدا کرنے والے کا تصور کیسے کرے گا۔ اُس کا اقتدار پوری کائنات پر ہے اِسی لیے اُسی کی حاکمیت اور محکومی اختیار کی جائے۔ قرآن حکیم بھی ہمیں اللہ کے وجود کا پتہ دیتا ہے کیونکہ قرآن جیسی کتاب کوئی انسان نہیں لکھ سکتا۔ ہمارا اللہ سے تعلق بھی قرآن مجید کے ذریعے ہے اور اللہ تعالیٰ کی اطاعت سے مراد بھی یہی ہے کہ اُس کے قوانین جو قرآن مجید میں ہیں اُن پر عمل کیا جائے۔ صرف یہ مان لینا کافی نہیں کہ اس کائنات کو پیدا کرنے والا خدا ہے بلکہ خدا پر ایمان رکھنے کا مطلب یہ ہے کہ ہم اپنی زندگی کے تمام شعبوں میں اللہ کے حکم اور قانون پر عمل کریں۔

عبد اللہ نے پوچھا: اللہ پر ایمان لانے کا ہمیں اپنی عملی زندگی میں کوئی فائدہ بھی ہے؟

اللہ تعالیٰ پر ایمان لانے اور اُس کی حاکمیت قبول کرنے کا مقصد یہ نہیں کہ اللہ ہم سے اپنا حکم منوانا چاہتا ہے اور اس میں اللہ تعالیٰ کو کوئی فائدہ ہوتا ہے یا اللہ کو ہماری اطاعت کی ضرورت ہے۔ ایسا نہیں ہے بلکہ اِس میں ہمارا ہی فائدہ ہے۔ ہم اگر اللہ کا حکم نہ بھی مانیں تو اس سے اللہ تعالیٰ کو کوئی فرق نہیں پڑے گا کیونکہ وہ تو پوری کائنات کا رب ہے اور ہر چیز اس کی اطاعت کرتی ہے۔ کائنات کی ہر چیز اُس کے حکم کی پابند ہے۔ سورج، چاند، زمین اور ستارے اُس کے مقرر کیئے ہوئے راستہ پر چلتے رہتے ہیں اور ایک لمحہ کی بھی تاخیر نہیں کرتے۔ ہماری حیثیت تو کائنات میں کچھ بھی نہیں۔ اللہ پر ایمان لانے یعنی توحید سے خود ہمیں بہت فائدہ ہوتا ہے۔ اللہ پر ایمان سے انسانوں کو دوسرے انسانوں سے مکمل آزادی حاصل ہو جاتی ہے۔ کوئی شخص بھی کسی دوسرے پر اپنا تسلط نہیں جما سکتا۔ توحید سے انسانوں کو عزتِ نفس اور وقار ملتا ہے اور دوسروں کی بالا دستی اور تسلط سے ہمیشہ کے لیے نجات ملتی ہے۔ صرف ایک ہی طاقت ہے جس کی سب نے اطاعت کرنی ہے۔ اب مذہب کے نام پر کوئی دوسروں کو اپنا محکوم نہیں بنا سکتا۔

ایشال نے سوال کیا: امی قرآن مجید میں اللہ کے بارے میں کیا آیا ہے؟

قرآن مجید میں اللہ کی بہت سی صفات بیان ہوئی ہیں انہیں اسماء الحسنیٰ کہا جاتا ہے۔ اِن ناموں میں اللہ تعالیٰ کی صفات کی وضاحت کی گئی ہے۔ اِن کو بیان کرنے کا مقصد یہ ہے کہ انسان اللہ کے بارے میں جانتے ہوئے وہی خوبیاں اپنے آپ میں پیدا کر تا جائے تا کہ انسانی ذات کی نشو و نما ہوتی جائے اور اس طرح وہ اللہ کے قریب ہو جاتا ہے۔ قرآن حکیم میں کئی جگہ پر اللہ کے ہاتھ اور کان کا ذکر ہے جن کا مطلب ہماری طرح کے ہاتھ اور آنکھ نہیں بلکہ یہ سمجھانے کے لیے ہے کہ اللہ کے پاس ہر طرح کی قدرت ہے۔ اِسی طرح اللہ کے عرش اور کرسی کا مطلب بھی اللہ کی حاکمیت اور کائنات پر مکمل اقتدار ہے۔

عبداللہ نے پوچھا: اللہ تعالیٰ کی مرضی سے کیا مراد ہے؟ اللہ جو چاہے وہی ہوتا ہے تو پھر ہم کوشش کس طرح کر سکتے ہیں؟

یہ بہت ہی اہم سوال ہے اور اس کے جواب میں یہ سمجھو کہ اِس کے تین مرحلے ہیں۔ پہلا مرحلہ وہ تھا جب اللہ تعالیٰ اِس کائنات کو بنا رہے تھے۔ اُس وقت اللہ نے اپنی مرضی سے کائنات کو بنایا اور اس کے اصول بنائے جس میں کسی اور کا کوئی عمل دخل نہیں تھا۔ اُس نے جیسے چاہا کائنات اور اُس کی اشیاء کو بنایا۔ جب کائنات اور اُس کی اشیاء کی تخلیق ہو گئی تو پھر دوسرا مرحلہ آیا جس میں وہ تمام چیزیں اور اشیاء اللہ کے بنائے ہوئے قوانین کے تحت چلتی ہیں۔ کائنات کی تمام چیزیں اللہ کے بنائے ہوئے قوانین اور اصولوں کی اطاعت پر مجبور ہیں اور اُس میں لمحہ بھر برابر بھی کوتاہی نہیں کرتیں۔ کوئی بھی اللہ کے بنائے ہوئے قوانین میں تبدیلی نہیں کر سکتا۔ اُس نے آگ میں جلانے کی صفت پیدا کی، پانی میں نشیب کی طرف بہنے کی صلاحیت، زمین میں کشش ثقل رکھ دی جو ہر چیز کو اپنی طرف کھینچتی ہے اور اِسی طرح تمام اشیاء میں خوبیاں اور صلاحیتیں رکھ دی ہیں۔ اس کے بعد تیسرا مرحلہ وہ ہے جس میں اُس نے انسان کی تخلیق کی اور انسانوں کے لیے بھی قوانین بنائے ہیں۔ انسانوں اور کائنات کی دوسری چیزوں میں فرق یہ ہے کہ باقی سب کے پاس کوئی اختیار نہیں جبکہ انسان کے پاس اختیار ہے اور انسان اپنے عمل

کا ذمہ دار ہے۔ یعنی انسان کو اختیار دیا ہے کہ وہ چاہے تو اللہ کے حکم کے مطابق چلے یا چاہے تو نافرمانی کرے لیکن جو نافرمانی کرے گا اُسے غلط راستہ پر چلنے کا نتیجہ بھگتنا پڑے گا۔ اگر ہم اپنی مرضی سے کوئی غلط کام کریں اور پھر یہ کہہ دیں کہ یہ تو اللہ کی مرضی تھی تو ایسا کرنا غلط ہے۔ اگر تم سکول نہ جاؤ تو ظاہر ہے کہ تم اگلی جماعت میں نہیں جاسکتے اور یہ تمہارا اپنا قصور ہے مگر تم یہ کہو کہ اللہ کی مرضی ہی ایسی تھی تو یہ بالکل غلط بات ہوگی۔ یہی اصول زندگی کے دیگر تمام شعبوں کے لیے ہے۔ اللہ کی مرضی یا اُس کا چاہنا دراصل اللہ تعالیٰ کا قانون ہوتا ہے۔

ایک مسلمان صرف اللہ کے قوانین پر عمل کرتا ہے۔ اللہ تعالیٰ نے وہ قوانین قرآن مجید کی صورت ہمارے پیارے رسول حضرت محمد ﷺ پر نازل کیے ہیں۔ ہمارے پاس وہ اب قرآن مجید کی شکل میں موجود ہیں۔ ہمیں وہی کرنا چاہیے جو اللہ کی مرضی ہو اس طرح ہی ہماری یہ زندگی خوشگوار بھی ہوگی اور اگلی زندگی میں بھی کامیابی ملے گی۔

۱۵۔ مومِن کسے کہتے ہیں؟

امی جان نانا ابو کہاں ہیں؟ مجھے اُن سے ضروری کام ہے۔ شمائل نے اپنی امی سے پوچھا۔ بیٹا وہ اپنے کمرے میں ہوں گے۔ کیوں تمہیں کیا کام ہے؟ امی نے شمائل سے پوچھا۔ یہ تو میں انہیں ہی بتاؤں گا اور یہ کہہ کر شمائل نانا ابو کے کمرے کی طرف چلا گیا۔ انوشہ اور یاور بھی اُس کے پیچھے پیچھے ناناجان کے کمرے کی طرف گئے۔ شمائل نے کمرے میں داخل ہوتے ہی سب سے پہلے ناناابو کو سلام کیا۔ انہوں نے بڑے پیار سے جواب دیا۔ اتنی دیر میں انوشہ اور یاور بھی آگئے اور انہوں نے بھی ناناابو کو سلام کیا۔ ناناجان نے انہیں بھی پیار کیا اور بیٹھنے کو کہا۔ شمائل کہنے لگا ناناجان میرے سکول میں مضمون نویسی کا مقابلہ ہو رہا ہے جس کا عنوان ہے مومن کی زندگی۔ مجھے آپ سے اس سلسلہ میں مدد لینی ہے۔ آپ مجھے تفصیل سے بتائیں کہ مومن کسے کہتے ہیں؟ اور مومن کی زندگی کس طرح کی ہوتی ہے تاکہ میں اس بارے اچھا سا مضمون لکھ سکوں۔

اچھا تو یہ بات ہے ناناجان نے کہا۔ بیٹا مومن عربی زبان کا لفظ ہے اور یہ لفظ امن سے نکلا ہے جس کا مطلب اطمینان، خوف نہ ہونا، تصدیق کرنا اور بھروسہ کرنا ہوتا ہے لہٰذا مومن کا مطلب ہوتا ہے وہ جو دِل کی سچائی کے ساتھ ایمان کو قبول کر لے، دینِ اسلام کے مطابق چلے اور جس پر بھروسہ کیا جاسکے، دوسروں کے لیے امن اور سلامتی کا باعث ہو۔ مومن، ایمان، مسلم اور تقویٰ جیسے الفاظ آپ نے سُنے ہوں گے اِن کا مفہوم ایک جیسا ہی ہے۔ اِسی طرح مسلمان اور مومن ایک ہی سکے کے دو رُخ ہیں۔ جب کوئی اسلام کو دین کی حیثیت سے قبول کرتا ہے تو وہ مسلمان کہلاتا ہے اور جب وہ اپنی زندگی اُس کے مطابق گذارتا ہے تو وہ مومن کہلاتا ہے۔

نانا جان! قرآنِ مجید میں مومن کے بارے میں کیا کہا گیا ہے؟ انوشہ نے پوچھا۔

بیٹا قرآن پاک میں بہت سے مقامات پر اللہ تعالیٰ نے مومن کی خوبیوں کے بارے میں بتایا ہے۔ سب سے پہلے یہ کہا ہے کہ مومن وہ ہوتے ہیں جو غائب پر ایمان لاتے ہیں یعنی وہ چیزیں جو اُن کے سامنے نہیں ہوتیں یا جنہیں وہ نہیں دیکھ سکتے مگر اُن کا ذکر قرآن میں موجود ہے اُن پر ایمان لاتے ہیں جیسے مرنے کے بعد کی زندگی۔ اِسی طرح مومن عقل اور فکر سے کام لیتے ہیں، اِس کائنات پر غور و فکر کرتے ہیں، علم حاصل کرتے ہیں۔ انصاف سے کام لیتے ہیں، جھوٹ نہیں بولتے اور سچی بات کرتے ہیں۔ ماپ تول پورا کرتے ہیں، ضرورت مندوں کو اپنی چیزیں دے دیتے ہیں، فضول باتیں نہیں کرتے، نہ تو تکبر کرتے ہیں اور نہ ہی کسی دوسرے کی بُرائی کرتے ہیں۔ نہ فضول خرچی کرتے ہیں اور نہ کنجوسی کرتے ہیں۔ اِسی طرح مومن دوسروں کے بُرے نام نہیں رکھتے، نہ کسی پر جھوٹا الزام لگاتے ہیں اور نہ ہی کسی کا مذاق اُڑاتے ہیں۔ آپس میں بھائی بھائی بن کر رہتے ہیں۔ جاہل لوگوں سے بحث نہیں کرتے، اگر کوئی امانت دے تو اس کی حفاظت کرتے ہیں۔ آپس میں ایک دوسرے کے ساتھ نرم دل ہوتے ہیں لیکن اللہ کے دشمنوں کے سامنے ڈٹ جاتے ہیں۔

نانا جان! کیا مومن غلط کام بالکل نہیں کرتے؟ کیا اُن سے کوئی گناہ کا کام نہیں ہو سکتا؟ اب یاور نے سوال کیا۔ نانا جان بتانے لگے کہ بیٹا مومن سے غلطی ہو سکتی ہے مگر وہ فوراً توبہ کرتے ہیں اور غلط کام کو چھوڑ دیتے ہیں۔ وہ گناہوں سے بچتے ہیں۔ وہ زمین پر اکڑ کر نہیں چلتے اور نہ ہی چلا کر بولتے ہیں۔ وہ لوگوں سے تُرش روی سے پیش نہیں آتے، حسد نہیں کرتے، اپنی تعریفیں نہیں کرتے رہتے، اچھے کاموں میں بڑھ چڑھ کر حصہ لیتے ہیں۔ ہمیشہ صاف سیدھی اور دو ٹوک بات کرتے ہیں۔ افواہیں نہیں پھیلاتے اور اگر کوئی غلط بات اُن تک پہنچے تو اُسے آگے نہیں پھیلاتے۔ وعدہ پورا کرتے ہیں اور سچی گواہی دیتے ہیں چاہے وہ گواہی اُن کے اپنے خلاف ہی کیوں نہ ہو۔ والدین، رشتہ داروں اور یتیموں کے ساتھ اچھا سلوک کرتے ہیں۔ کسی کے ساتھ احسان کر کے اُسے جتلاتے نہیں بلکہ اُسے احساس بھی نہیں دلاتے۔ خود تنگی میں رہ کر دوسروں کی ضرورت پوری کرتے ہیں۔ اگر کسی نے اُن سے قرضہ لیا ہو تو واپسی کے لیے تنگ نہیں کرتے اور اگر ممکن ہو تو معاف بھی کر دیتے ہیں۔ پہلے اپنی اصلاح

کرتے ہیں پھر دوسروں کو تلقین کرتے ہیں۔ اپنے غصے پر قابو پاتے ہیں، اپنی نگاہ اور ذہن صاف رکھتے ہیں۔ نماز ادا کرتے ہیں اور زکوٰۃ دیتے ہیں۔ مختصر یہ کہ وہ اپنی زندگی بغیر کسی خوف کے قرآن کے مطابق بسر کرتے ہیں۔ ایسے لوگوں پر دنیا اور آخرت میں اللہ کی رحمتیں نازل ہوتی ہیں۔

شمائل نے پوچھا: کیا ہمارے رسول حضرت محمد ﷺ نے بھی مومن کے بارے میں کچھ بتایا ہے؟

حضور پاک ﷺ نے بھی مومن کی خوبیاں بیان کی ہیں۔ آپ ﷺ نے فرمایا ہے کہ وہ شخص مومن نہیں ہو سکتا جس کے ہاتھ اور زبان سے دوسرے محفوظ نہ ہوں۔ آپ ﷺ نے یہ بھی فرمایا ہے کہ مومن وہ ہے جو چیز اپنے لیے پسند کرے وہی اپنے بھائی کے لیے بھی پسند کرے۔ اسی طرح آپ ﷺ نے فرمایا ہے کہ تم میں سے کوئی اُس وقت تک مومن نہیں ہو سکتا جب تک وہ مجھ سے سب سے زیادہ محبت نہ کرے۔ جب ہم اُن سے پیار کریں گے تو قرآن کے مطابق زندگی گذاریں گے کیونکہ آپ ﷺ کی پوری زندگی قرآن کے مطابق ہی تھی۔

بچو! آپ کو میں نے مومن کی خوبیاں اور اُس کی زندگی کے بارے میں بتا دیا ہے امید ہے کہ آپ کو سب سمجھ آ گئی ہو گی اور شمائل مجھے امید ہے کہ اب تم اس بارے میں مضمون لکھ لو گے۔

جی ناناجان! جب آپ بتا رہے تھے تو میں ساتھ ساتھ لکھتا جا رہا تھا اور اب میں بہت اچھا مضمون لکھ سکوں گا۔

۱٦۔ ایک مثالی شخصیت!

آج ابراہیم بہت خوش تھا۔ سکول سے گھر آتے ہی اپنی امی کے پاس گیا اور سلام کرنے کے بعد بتانے لگا کہ اُسے سکول کے تقریری مقابلہ میں اوّل انعام ملا ہے۔ اُس کی امی بھی بہت خوش ہوئیں۔ ابراہیم کہنے لگا امی جان، نانا جان نے مجھے تقریر کی بہت اچھی تیاری کرائی تھی۔ اسی وجہ سے مجھے پہلا انعام ملا ہے حالانکہ دوسرے سکولوں کے طلباء بھی مقابلہ میں شریک تھے۔ وہ بڑے فخر سے اپنی امی کو انعامی کپ اور سند دیکھا رہا تھا۔ امی جان بھی فون کر کے ابو جان کو بھی بتائیں کہ مجھے اوّل انعام ملا ہے اور میں نانا جان کو بتانے جا رہا ہوں، یہ کہہ کر وہ نانا جان کے کمرے کی طرف خوشی خوشی چلا گیا اور جاتے ہی سلام کرنے کے بعد نانا جان کو بھی اپنی کامیابی کا بتایا۔ نانا جان جب میں نے تقریر شروع کی اور کہا جنابِ صدر میری تقریر کا عنوان ہے۔ مومن کی زندگی۔ تو سب خاموش ہو گئے اور میری تقریر سننے لگے۔ جب تقریری مقابلہ ختم ہوا اور اوّل انعام کے لیے میرا نام پکارا گیا تو زبردست تالیاں بجائی گئیں۔ مہمانِ خصوصی نے جب مجھے انعام دیا تو کہا بیٹا آپ نے بہت اچھی تقریر کی ہے اور جس طرح مومن کی زندگی کو بیان کیا ہے اگر تم خود اُس پر عمل کرو گے تو ایک مثالی شخصیت بن جاؤ گے۔ نانا جان کہنے لگے کہ یہ تو انہوں نے بالکل درست کہا ہے۔ اگر مومن کی خصوصیات اپنے کردار میں پیدا کر لی جائیں تو اس میں کچھ شک نہیں کہ انسان ایک مثالی شخصیت بن سکتا ہے۔

نانا جان! مثالی شخصیت سے کیا مراد ہے، اور وہ کس طرح کی ہوتی ہے؟ ابراہیم نے سوال کیا۔

نانا جان نے کہا بیٹا! مثالی شخصیت سے مراد ایسا شخص ہے جس کا بہت اچھا اخلاق اور اعلیٰ کردار ہو۔ اُس کی بہت کامیاب زندگی ہو جس کی سب مثال دیں اور خود اُس جیسا بننا چاہیں۔

ابراہیم نے کہا: نانا جان! دنیا میں کون سی ایسی شخصیت ہے جسے اپنے لیے ہم مثالی شخصیت قرار دے سکتے ہیں؟

دنیا کی سب سے بڑی مثالی شخصیت ہمارے رسول حضرت محمد ﷺ کی ہے اور قرآنِ حکیم نے کہا ہے کہ آپ ﷺ کی زندگی ہمارے لیے بہترین نمونہ ہے۔ ناناجان نے جواب دیا۔

ابراہیم نے پوچھا: نانا جان! رسولِ پاک ﷺ کی شخصیت کے بارے میں مزید بتائیں اور یہ بھی کہ صحابہ اکرام ؓ کی آپ ؑ کے بارے میں کیا رائے تھی؟

ناناجان نے جواب دیا: رسول پاک ﷺ بہت نرم دل، خوش مزاج، دوسروں کے کام آنے والے، ملنے والوں اور رشتہ داروں سے اچھا سلوک کرنے والے اور مسکرا کر جواب دینے والے تھے۔ آپؑ اچھی اور مناسب گفتگو کیا کرتے تھے۔ رسول اللہ ﷺ بہت ہنس مکھ اور ہشاش بشاش تھے آپؑ سے مل کر لوگ بہت خوش ہوتے تھے۔ آپؑ کی محفل میں بیٹھا کوئی شخص اکتاہٹ محسوس نہیں کرتا تھا آپ ہنسی مذاق پسند کرتے تھے اگر کوئی آپؑ سے خوش طبعی کرتا تو آپ بھی اُس کا ساتھ دیتے اور خوب ہنستے مسکراتے۔ آپؑ بچوں سے بہت پیار کرتے اور اُن کے ساتھ کھیل کود بھی کرتے تھے۔ حضرت عائشہؓ فرماتی ہیں کہ رسول اللہ ﷺ سے زیادہ حُسنِ خلق کا مالک اور کوئی نہ تھا۔ تمام صحابہ اکرامؓ آپ ﷺ سے بہت محبت کرتے تھے اور وہ آپؑ کی شخصیت کے مطابق اپنی زندگی بسر کرنے کی کوشش کرتے تھے۔ آپؑ نے بھی اُن کی تربیت قرآن مجید کی تعلیمات کی روشنی میں کی تھی جس کی وجہ سے صحابہ اکرامؓ کی مثالیں پوری دنیا دیتی ہے۔ حضور ﷺ کے ایک صحابی حضرت عبداللہ بن عمرؓ کہتے تھے کہ رسول اللہ کا اخلاق بہت اچھا تھا۔ آپؑ یہ فرمایا کرتے تھے کہ میں اخلاق کی تعلیم دینے کے لیے آیا ہوں اور تم میں سے بہترین وہ ہے جس کا اخلاق بہترین ہے۔ آپؑ نے یہ بھی فرمایا کہ بری مجلس میں نہ بیٹھو۔ ایک اور صحابی حضرت انسؓ فرماتے ہیں کہ میں نے نبی اکرمؑ کی دس سال تک خدمت کی اور حضور ﷺ نے کبھی بھی مجھے اُف تک نہ کہا اور نہ ہی کسی چیز کے بارے میں پوچھا کہ تم نے ایسا کیوں کیا اور ایسا کیوں نہ کیا۔ حضرت عائشہؓ کا کہنا تھا کہ رسول اللہ نے فرمایا کہ اللہ تعالیٰ نرم دلی کو پسند کرتا ہے اور نرم دلی کا صلہ سب سے زیادہ دیتا ہے۔ آپؑ جب گھر میں ہوتے تھے تو گھر کے کام کاج میں مدد کرتے تھے۔ آپؑ صادق اور امین یعنی سچے اور امانت دار تھے۔ آپؑ نے کبھی کسی کو بُرا بھلا نہ کہا اور نہ ہی کسی سے کسی سے بدلہ لیا بلکہ ہر زیادتی کرنے والے کو معاف کر دیتے تھے۔

حضور ﷺ سے جو کوئی بھی ضرورت کی کوئی چیز مانگتا تو آپؐ اُسے دے دیتے اور اگر آپ نہ دے سکتے تو بہت نرمی سے جواب دیتے۔ ہمیں چاہیے کہ ہم بھی رسول پاکؐ جیسا اخلاق اپنائیں۔

ابراہیم نے کہا: نانا جان! ایک مثالی شخصیت کے بارے میں تفصیل سے بتائیں کہ ایک مثالی شخصیت میں کیا خوبیاں ہونی چاہییں۔

نانا جان نے کہا بیٹا! ایک مثالی شخصیت میں وہ سب خوبیاں ہونی چاہییں جو ہمارے پیارے رسولؐ پاک میں تھیں اور جو میں نے ابھی تمہیں بتائی ہیں۔ ایک مثالی شخصیت میں سچائی، امانت، دیانت، شرافت، صداقت، اخلاص، وعدے کی پابندی، حسنِ سلوک، پاکیزگی، حیا، علم و عقل، محنت، اخوت، بلند ہمت، اعتدال یعنی میانہ روی، صبر، قوتِ ارادی اور گفتگو کے آداب ہونے چاہییں۔ مثالی شخصیت میں اخلاقی برائیاں جیسے حسد، منفی سوچ، اپنی غلط بات پر اڑ جانا، خواہ مخواہ دوسروں پر تنقید کرنا، فضول بحث کرنا، دوسروں کا مذاق اُڑانا، مایوس ہونا، انتقامی جذبہ رکھنا، دھوکہ دہی، جھوٹ اور احسان فراموشی نہیں ہونی چاہیے۔ اسی طرح ایک کامیاب شخصیت بننے کے لیے اپنے وقت کا بہترین استعمال کرنا چاہیے، سُستی اور کاہلی کی بجائے محنت سے کام کرنا چاہیے۔ اپنا خود جائزہ لینا چاہیے اور پابندی سے وقت پر اپنے کام کرنے چاہییں۔ اللہ تعالیٰ نے قرآن مجید میں فرمایا ہے کہ انسان کو اتنا ہی ملے گا جتنی وہ کوشش کرے گا۔ اللہ کا یہ بھی حکم ہے کہ لوگوں سے خوش اسلوبی سے بات کرو اور بے رُخی نہ برتو۔ یہ وہ خوبیاں ہیں جو ایک مثالی شخصیت اور کامیاب انسان میں ہونی چاہییں۔

ابراہیم نے کہا نانا جان! آپ نے باتیں تو بہت اچھی بتائیں ہیں مگر ان پر عمل کرنا بھی تو بہت مشکل ہو گا؟

نانا جان نے جواب دیا کہ تمہاری بات بہت اہم ہے۔ اپنے عمل اور کردار کو ان اچھی باتوں کے مطابق ڈھالنا اور اپنے مزاج کو بدلنا مشکل ضرور لیکن ناممکن نہیں۔ دین کی تعلیمات کا سارا مقصد ایک اچھے اور اعلیٰ اخلاق کے حامل انسان کی تعمیر ہے اگر اچھا اخلاق اور کردار موجود نہیں ہے تو سب کچھ بے مقصد رہ جاتا ہے۔ اس کے لیے مضبوط ارادے کی ضرورت ہوتی ہے اور یہ سب ایک دِن میں نہیں ہو جاتا بلکہ اس کے لیے کچھ وقت درکار ہوتا

ہے۔ اگر کوئی ہر ہفتہ اپنی ایک بُری عادت چھوڑتا جائے اور ایک اچھی عادت اپناتا جائے تو تھوڑے ہی عرصہ میں اس کی شخصیت ایک مثالی شخصیت ہو گی۔

ابراہیم نے اپنے نانا جان سے کہا کہ آپ نے مجھے بہت اچھا طریقہ بتایا ہے اب میں ایسا ہی کروں گا۔ میں اپنا جائزہ لوں گا، اپنی غلطیوں کو تسلیم کروں گا اور جھوٹ نہیں بولوں گا۔ اپنا رویہ بہتر بناؤں گا اور اُن چیزوں سے بچوں گا جو میرے کردار پر بُرا اثر ڈال سکتی ہیں۔ اپنے وقت کا بہترین استعمال کروں گا۔ اپنے غصہ پر قابو پاؤں گا اور خوش خلقی کا مظاہرہ کروں گا۔ محنت کی عادت ڈالوں گا اور کوشش کرنا کبھی نہیں چھوڑوں گا۔ ہر روز مطالعہ کرنے کی عادت ڈالوں گا۔ تمام انسانوں کا احترام کروں گا۔ اسلام کی تعلیمات سمجھ کر اُن پر عمل کروں گا اور قرآن مجید کی با قاعدہ تلاوت ترجمہ کے ساتھ کروں گا۔ اپنے منفی خیالات کی اصلاح کروں گا۔ اپنے اندر خود اعتمادی پیدا کر کے اپنی دنیا آپ پیدا کروں گا اور اس طرح ایک نئے جذبہ کے ساتھ زندگی بسر کروں گا۔

نانا جان نے کہا شاباش بیٹا! اگر تم واقعی اس عزم کے ساتھ اپنی شخصیت کی تعمیر کرو گے تو ایک بہت اچھے انسان بنو گے اور سب تمھاری تعریف کریں گے۔ مجھے امید ہے کہ تم یہ سب کر سکتے ہو اور اللہ تعالیٰ بھی تمہیں توفیق اور ہمت دے گا۔